Principios Claros Para La

Obra Misionera

Darrell Leon Horn

Principios Claros Para La Obra Misionera

Publicado por The Matthew Affair
Impreso en los Estados Unidos de América

Traducido Por Vicente Jaime

ISBN-10: 1732813311

ISBN-13: 978-1732813311

THE MATTHEW AFFAIR

The Matthew Affair es una organización no lucrativa registrada bajo la sección 501c3 de la ley, dedicada a la enseñanza y la capacitación de los marginados. Su enfoque principal es enseñar y entrenar a los pastores y líderes cristianos marginados. Se estima que hasta el 62% de los pastores cristianos de todo el mundo no han recibido ningún entrenamiento teológico.[1] Existimos para servirles a ellos y a cualquier otra persona marginada.

El autor de este libro no recibe ninguna compensación financiera. Todas las ganancias de la venta de este libro serán utilizadas por *The Matthew Affair* para lograr el propósito declarado: enseñar y entrenar a los marginados.

Se pueden realizar donaciones deducibles
de impuestos en nuestro sitio web:
THEMATTHEWAFFAIR.COM

---

[1] "Hasta un 62 por ciento de los pastores en todo el mundo carecen de entrenamiento formal. Se estima que hay 3.2 millones de pastores en países en desarrollo que no tienen entrenamiento bíblico". www.globalaction.com/glomos

TABLA DE CONTENIDO

SI TODO ES MISIONES, NADA ES MISIONES

El declive en la educación para cumplir la Gran Comisión

El declive en la educación para cumplir la Gran Comisión dentro de las iglesias locales en las últimas décadas ha originado creyentes que tienen una comprensión limitada de las misiones bíblicas. Este declive también ha generado creyentes que no tienen una visión panorámica de la manera en que Dios se ha venido revelando a sí mismo desde la eternidad pasada y lo seguirá haciendo hasta la eternidad futura.[2]

---

[2] La narración cronológica de historias bíblicas es un gran método para enseñar la autorrevelación progresiva de Dios a la humanidad en el orden en que Dios ha elegido darse a conocer. Este método presenta historias bíblicas en secuencia cronológica con la intención de que el oyente se relacione con ellas y desarrolle un marco de referencia de la revelación de Dios. Las historias del Antiguo Testamento forman una

Actualmente y en el pasado reciente hemos estado enfrentando los resultados de la falta de enseñanza suficiente sobre la Gran Comisión. Hay muestras de que se está impartiendo educación sobre la Gran Comisión, pero estos esfuerzos son aislados, mientras que la mayoría de las iglesias no enfatizan ni proveen capacitación en esa área.

El Grupo Barna[3] y la organización The Seed Company[4] elaboraron un estudio en 2018 sobre "las ideas de la Iglesia de E. U. Sobre misiones, justicia social, traducción de la Biblia y otros aspectos de la difusión del Evangelio en todo el mundo".[5] El estudio fue tan revelador como perturbador. La investigación encontró lo siguiente.

---

base racional que explica por qué la muerte, sepultura y resurrección de Cristo eran necesarias en el plan redentor de Dios.

[3] El Grupo Barna es una organización lucrativa privada sin afiliación partidista bajo integrante del grupo empresarial Issachar Companies, que realizan y analizan investigación básica para entender tendencias culturales relacionadas con valores, creencias, actitudes y comportamientos.

[4] La visión de The Seed Company es: ¡Nuestra VISIÓN para los siguientes 10 años es evangelizar a MIL MILLONES de personas! https://theseedcompany.org/about

[5] Barna Group, *Translating the Great Commission: What Spreading the Gospel Means to US Christians in the 21st Century* (California: Barna Group, 2018). www.barna.com/research/half-churchgoers-not-heard-great-commission

Cuando se les preguntó si ya habían "oído hablar de la Gran Comisión", la mitad de las personas que asisten a iglesias en los Estados Unidos (51%) dijeron que no conocían ese término. Sería un consuelo suponer que la otra mitad que sí conocía el término estuviera familiarizada con el pasaje conocido con este nombre, pero la proporción de encuestados que sí conocían el pasaje era muy baja (17%). Mientras tanto, "la Gran Comisión" le suena conocida a uno de cada cuatro encuestados (25%), pero no pueden recordar a qué se refiere. Seis por ciento de las personas que asisten a una iglesia no están seguros de haber escuchado el término "la Gran Comisión".[6]

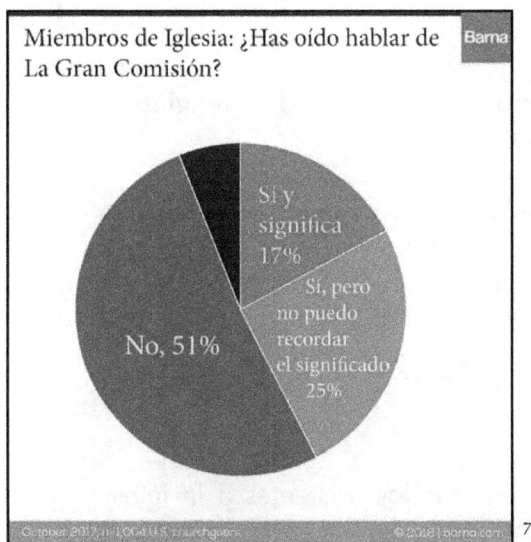

Miembros de Iglesia: ¿Has oído hablar de La Gran Comisión?

Barna

Sí y significa 17%

Sí, pero no puedo recordar el significado 25%

No, 51%

October 2017, n=1,004 U.S. churchgoers

© 2018 barna.com

[7]

---

[6] Ibid.
[7] Ibid. Usado con permiso del Grupo Barna.

El 51 por ciento es un número asombroso. El estudio parece indicar que ciertas denominaciones mencionan la Gran Comisión más que otras en sermones y clases. El estudio revela que

> El 28 por ciento de los pastores bautistas afiliados a la SBC (Southern Baptist Convention) y el 18 por ciento de los pastores bautistas en general dicen que su último sermón sobre las misiones fue específicamente sobre la Gran Comisión. Es más probable que los pastores de denominaciones no históricas mencionen la Gran Comisión en un sermón de misiones que los ministros de denominaciones históricas (15% vs. 6%). En otras palabras, el grado en que una persona que asiste a una iglesia sabe qué dice la Gran Comisión podría explicarse por el grado en que su propia denominación o líder religioso la menciona públicamente.[8]

La Gran Comisión se expresa en por lo menos cinco pasajes del Nuevo Testamento. En otra sección se examinarán con más detalle sus similitudes y diferencias. Los cinco lugares donde se enuncia la Gran Comisión son: Mateo 28: 18-20; Marcos 16:15; Lucas 24: 45-47; Juan 20:21; y Hechos 1: 8. Barna descubrió que

> Casi todos los asistentes a la iglesia que dijeron haber oído hablar de la Gran Comisión (94%) también seleccionaron el pasaje en Mateo 28. El resto de los asistentes a una iglesia no sabían cuál

---

[8] Ibid.

de estos versículos es la Gran Comisión (33%) o contestaron incorrectamente (31%).

Algunos grupos de asistentes a iglesias normalmente tendrán la oportunidad de escuchar sobre la Gran Comisión específicamente identificada con ese nombre o al menos en referencia a sermones sobre misiones. Uno de esos grupos son los asistentes a iglesias bautistas. Especialmente los pastores bautistas afiliados a la SBC (28%) y los pastores bautistas en general (18%) indican que el último sermón sobre misiones fue acerca de la Gran Comisión. Los hallazgos adicionales muestran que el nivel de conocimiento de un individuo del término "la Gran Comisión" podría "explicarse por el grado en que su propia denominación o líder religioso la menciona públicamente".[9]

Estos son algunos de los resultados del estudio acerca de cuáles pasajes pueden reconocer.

---

[9] Ibid.

¿Reconocen miembros de iglesias la Gran Comisión entre otros versículos?	Barna
Y llegando Jesús, les habló, diciendo: Toda potestad me es dada en el cielo y en la tierra. Por tanto, id, y doctrinad á todos los Gentiles, bautizándolos en el nombre del Padre, y del Hijo, y del Espíritu Santo: Enseñándoles que guarden todas las cosas que os he mandado: y he aquí, yo estoy con vosotros todos los días, hasta el fin del mundo. Amén. (Mateo 28:18-20)	37%
37 Y Jesús le dijo: Amarás al Señor tu Dios de todo tu corazón, y de toda tu alma, y de toda tu mente. 38 Este es el primero y el grande mandamiento. 39 Y el segundo es semejante á éste: Amarás á tu prójimo como á ti mismo. 40 De estos dos mandamientos depende toda la ley y los profetas. (Mateo 22:37-40)	16%
6 Jesús le dice: Yo soy el camino, y la verdad, y la vida: nadie viene al Padre, sino por mí. (Juan 14:6)	8%
Y llamando á la gente con sus discípulos, les dijo: Cualquiera que quisiere venir en pos de mí, niéguese á sí mismo, y tome su cruz, y sígame. (Marcos 8:34)	5%
Y respondiendo Jesús, les dijo: Dad lo que es de César á César; y lo que es de Dios, á Dios. Y se maravillaron de ello. (Marcos 12:17)	2%
No estoy seguro si alguno de estos pasajes es la Gran Comisión	33%
Octobre 2017, n=1004 miembros de iglesias en EU	© 2018 j barna.com

10

Este estudio arroja luz sobre la preocupante realidad que enfrentamos: muchas décadas sin la educación adecuada en la iglesia local sobre el mandamiento de Cristo de hacer discípulos de todos los grupos humanos. Dicha educación incluye pero no se limita al entrenamiento intercultural, fundamentos antropológicos para usar la cultura como herramienta,

---

[10] Ibid. Usado con permiso del Grupo Barna.

contar cronológicamente las historias de la Biblia, principios y filosofía de las misiones, estrategia, plan estratégico de capacitación y desarrollo de este plan, estudios grupales y aprendizaje de idiomas.

Se podría argumentar que nada ha cambiado de una generación a otra y que lo que el estudio ha revelado es el estado normal de las cosas. Tal vez sea así. Sin embargo, hay muchos datos que contradicen esta idea y sugieren claramente que durante muchas décadas las iglesias históricas han abandonado la educación sobre la Gran Comisión. Esta realidad está respaldada por el estudio de Barna, el cual identificó que

> aproximadamente dos de cada cinco personas de las tres generaciones más antiguas identifican correctamente la Gran Comisión (43% de ancianos, 42% de *baby-boomers*,[11] 41% de la generación X). Sin embargo, los "mileniales"[12] que van a la iglesia tienen la misma probabilidad de identificar erróneamente (36%) que correctamente (34%) a la Gran Comisión.[13]

---

[11] Generación de las personas nacidas en Estados Unidos entre 1946 y 1955

[12] Personas nacidas en las décadas de los ochenta y los noventa

[13] Ibid.

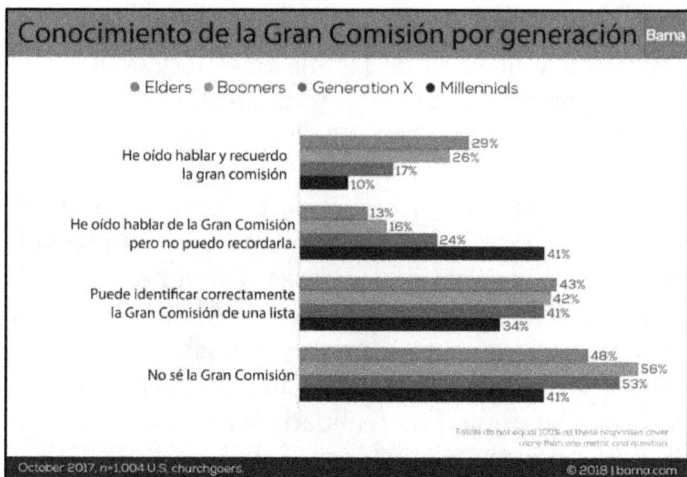

Conocimiento de la Gran Comisión por generación · Barna

● Elders ● Boomers ● Generation X ● Millennials

He oído hablar y recuerdo la gran comisión: 29% / 26% / 17% / 10%

He oído hablar de la Gran Comisión pero no puedo recordarla: 13% / 16% / 24% / 41%

Puede identificar correctamente la Gran Comisión de una lista: 43% / 42% / 41% / 34%

No sé la Gran Comisión: 48% / 56% / 53% / 41%

October 2017, n=1,004 U.S. churchgoers.   © 2018 | barna.com

14

La evidencia reunida muestra que la expresión "Gran Comisión" se está usando menos. Esto parece ser un indicio de que las iglesias le están dando menor prioridad al mandato de Cristo o posiblemente que la frase "la Gran Comisión" simplemente ha perdido popularidad.[15]

El estudio reveló un factor desconocido en el sentido de que no podía "concluir si los encuestados ignoran el mandato de las Escrituras en sí mismo, o simplemente no saben que comúnmente se le llama la Gran Comisión".[16]

✢

---

[14] Ibid. Usado con permiso del Grupo Barna.
[15] Ibid.
[16] Ibid.

Si todo es misiones, nada es misiones

La gran mayoría de los creyentes no comprende la diferencia entre la Gran Comisión y el Segundo Gran Mandamiento, y no pudo identificar al menos un principio básico para las misiones. Una evidencia de nuestra falta de educación sobre la Gran Comisión en nuestras iglesias locales es la creencia común de que todo lo que la iglesia local hace fuera de sus cuatro paredes es "misiones". De hecho, muchas iglesias creen que ser misioneras es lo mismo que realizar actividades misioneras. Tener una mentalidad misionera es orar por las actividades de la misión y los misioneros, recibir ofrendas para apoyar actividades misioneras y a misioneros, tener momentos específicos dedicados a enfatizar las misiones durante la Escuela Dominical, las reuniones de grupos bíblicos y los servicios de adoración, tener oradores invitados misioneros y muchos otros esfuerzos de apoyo. Realizar actividades misioneras es enviar grupos e individuos para una participación personal y práctica en las actividades de una misión. Hay una gran necesidad de que las iglesias tengan una mentalidad misionera y realicen actividades misioneras. Incluso dentro de iglesias que realizan actividades misioneras existe la creencia de que todas estas actividades son "misiones".

La idea de que "si todo es misiones, nada es misiones" no es nueva. La mayoría de nosotros la hemos escuchado muchas veces. Por mucho tiempo, la idea general de la Gran Comisión ha incluido una gran cantidad de cosas como esfuerzos humanitarios, temas ecológicos, proyectos de construcción y muchos otros asuntos y esfuerzos. Una lista más amplia de artículos también incluye cosas como programas de alimentación, despensas de alimentos, mantas para huérfanos, colectas de zapatos, pintura de la casa de una viuda, reparaciones a casas y un sinnúmero de otras actividades. Hemos llegado a aceptar esta definición más amplia de la Gran Comisión de que "todo lo que hacemos son misiones" debido al declive en la educación de la Gran Comisión en la iglesia local. La declaración anterior pretende desafiar nuestras creencias sobre la Gran Comisión. Si todo lo que hacemos se considera un esfuerzo basado en la Gran Comisión, entonces nada de lo que hacemos es "misiones".

Las misiones entendidas incorrectamente

¿Cuántas veces ha escuchado que una iglesia o un individuo van a realizar un viaje "misionero"? ¿Qué hace que ese viaje sea "misionero"? ¿Cuál es la diferencia entre ese viaje y cualquier otro? ¿Y qué cosas se harían en un viaje "misionero" que no se hacen otro viaje?

Aquí están algunos ejemplos. Puede decidir si estas experiencias están enfocadas en las misiones o no. Hace algún tiempo asistí a una presentación del equipo de misiones en un servicio de adoración el domingo por la mañana en una ciudad de mi estado. Esa mañana de domingo en particular en el servicio de adoración fue cuando el "equipo de misiones" de la iglesia iba a presentar un informe sobre su viaje de una semana a un país de América del Sur. El líder del equipo msionero habló sobre la actividad principal del viaje: ir puerta por puerta recogiendo grasa para cocinar usada por las familias que vivían en un determinado vecindario. Esta actividad de "suplicar" que les dieran la grasa le dio al equipo la oportunidad de conocer a todas las familias en el vecindario donde se encontraba la iglesia anfitriona. Suena bien, ¿verdad? Permitió a los miembros del equipo conocer a las familias del vecindario.

¿Qué hizo el equipo con la grasa? Mientras escuchaba la presentación, me hice esa pregunta. El equipo tomó la grasa y la convirtió en jabón. El equipo explicó el proceso de varios días que se utilizó para convertir la grasa en jabón. Alrededor del cuarto día, el equipo regresó a cada hogar que había donado la grasa y le dio a cada familia el jabón que se había hecho esa semana. El líder y los miembros del equipo mencionaron que no se realizó ninguna otra actividad en el viaje.

¿Fue ese un viaje misionero? ¿Por qué sí o por qué no?

Después de escuchar la historia de "la grasa convertida en jabón", me quedé esperando que contaran cómo se presentó el Evangelio a las familias que recibieron el jabón, o si alguien escuchó el Evangelio y luego le entregó su vida a Cristo. Sin embargo, con base en lo que se presentó, la fabricación de jabón fue la actividad principal del viaje.

¿Consideraría ese viaje como un viaje misionero o como otro tipo de viaje? Es posible que usted esté pensando que este es un ejemplo inusual. Ninguno de nosotros consideraría este viaje como un viaje misionero. Sin embargo, el pastor de misiones y su iglesia estaban entusiasmados con el viaje y el hecho de que estaban haciendo "misiones" en el extranjero.

Volviendo a la idea original, si todo lo que hacemos se considera misiones, entonces hemos difuminado tanto las líneas sobre lo que realmente son las misiones, que todo lo que hacemos se convierte en "misiones". El viaje a Sudamérica claramente no era un viaje misionero. De hecho, no estoy seguro de qué tipo de viaje sería, pero no fue un viaje misionero. La pregunta sigue siendo: ¿Qué hace que un viaje sea misionero?

Este es otro ejemplo de una iglesia que le llama "misiones" a todo. El pastor de una iglesia establecida en un estado sureño de Estados Unidos era amigo de un pastor que comenzaba una nueva iglesia en la parte noreste de los Estados Unidos. El pastor de la iglesia establecida formó un grupo voluntario de 15-18 miembros y viajó al noreste donde se estaba iniciando la nueva iglesia. El grupo de voluntarios llegó e inmediatamente comenzó a limpiar el sótano del edificio donde se encontraba la nueva iglesia. El equipo trabajó duro porque el sótano estaba extremadamente sucio. Trabajaron tan diligentemente que pudieron terminar de limpiar el edificio un día antes de los programado. Durante la semana, algunos miembros del equipo de voluntarios caminaban varias cuadras hacia la entrada del tren urbano. Los miembros del equipo llevaban con ellos botellas de agua con etiquetas que contenían información sobre la nueva iglesia. Se paraban a la entrada del tren urbano y repartían las botellas de agua a los peatones. Hablaron con tantos transeúntes como pudieron.

Al regresar del viaje, el pastor de la iglesia establecida compartió con su congregación que lo más destacado del viaje fue cuando un taxista pidió otra botella de "jugo de Jesús". Obviamente, el "jugo de Jesús" era el agua embotellada que el equipo estaba repartiendo. El Evangelio no fue compartido en el viaje, pero sí varias botellas de agua. ¿Qué tipo de viaje fue este?

Si llamamos a todo lo que hacemos "misiones", entonces nada de lo que hacemos es "misiones". ¿Qué pasa con los viajes que hacen proyectos de construcción? ¿O un viaje enfocado en programas de alimentación o ayuda a los huérfanos? ¿Cómo distinguimos qué es "misiones" de lo que no es? En la próxima sección discutiremos varias respuestas a estas preguntas.

Conceptos Clave . . . .

- Nos enfrentamos a una realidad preocupante: muchas décadas de falta de educación adecuada en la iglesia local sobre el mandato de Cristo de hacer discípulos de todos los grupos humanos.

- Un declive en la educación sobre la Gran Comisión dentro de la iglesia local durante las últimas décadas ha producido creyentes que tienen una comprensión limitada de las misiones bíblicas.

- El 51 por ciento de los feligreses no conocen el término "Gran Comisión".

- La evidencia del estudio prueba que el término "Gran Comisión" se usa cada vez menos.

- La mayoría de los creyentes no entienden la diferencia entre la Gran Comisión y el Segundo Gran Mandamiento y no pudieron identificar tan siquiera un principio básico de las misiones.

- Tener una mentalidad misionera y realizar actividades misioneras son dos cosas distintas y separadas.

- Si todo lo que hacemos se considera un esfuerzo misionero basado en la Gran Comisión, entonces nada de lo que hacemos es "misiones".

¿-? **Preguntas a Considerar** . . . .

1. ¿Qué le ha desafiado en este capítulo?

2. ¿Cómo se compara su iglesia con el informe del Grupo Barna y The Seed Company?

3. ¿Qué cambios podría necesitar hacer su iglesia o ministerio para evitar ese declive?

4. ¿Puede explicar la diferencia entre la Gran Comisión y el Segundo Gran Mandamiento?

5. ¿Cuántos principios misioneros puede identificar?

6. ¿Qué oportunidades tiene en el futuro cercano para compartir las ideas de este capítulo con otras personas?

LA GRAN COMISION

Introducción

Tres mandatos de la Iglesia son: amar a Dios con todo su corazón, con toda su alma, mente y fuerza;[17] amar a tu prójimo como a ti mismo;[18] y hacer discípulos de todos los grupos humanos.[19] ¿Cuál es la diferencia entre el Segundo Gran Mandamiento de amar a tu prójimo como a ti mismo y la Gran Comisión para hacer discípulos de todos los grupos humanos?

La Gran Comisión y el Segundo Gran Mandamiento son elementos necesarios en un enfoque equilibrado para las misiones y el ministerio. Sin embargo, hay una diferencia entre la Gran Comisión y el Segundo Gran Mandamiento. La mayoría de los creyentes no están conscientes de esta diferencia. No entender la diferencia es la razón principal por la que generalmente llamamos misiones a todo: desde

---

[17] Deuteronomio 6:5; Mateo 22:37
[18] Levítico 19:18; Mateo 22:39
[19] Mateo 28:18-20

programas de alimentación; despensas de alimentos; mantas para huérfanos; recolección de zapatos; pintar la casa de una viuda; reparar una casa; y otras innumerables actividades.

"Si todo es misiones, nada es misiones"

Debemos entender las diferencias entre la Gran Comisión para hacer discípulos y el Segundo Gran Mandamiento de amar a tu prójimo como a ti mismo. Estos mandatos van juntos.

La Gran Comisión

La Gran Comisión se menciona al menos cinco veces en el Nuevo Testamento. Estas son las cinco referencias:

Mateo 28: 18-20 "Jesús se acercó entonces a ellos y les dijo: —Se me ha dado toda autoridad en el cielo y en la tierra. Por tanto, vayan y hagan discípulos de todas las naciones, bautizándolos en el nombre del Padre y del Hijo y del Espíritu Santo, 20 enseñándoles a obedecer todo lo que les he mandado a ustedes. Y les aseguro que estaré con ustedes siempre, hasta el fin del mundo".

Marcos 16:15 "Les dijo: «Vayan por todo el mundo y anuncien las buenas nuevas a toda criatura»".

Lucas 24:45–47 "Entonces les abrió el entendimiento para que comprendieran las Escrituras. —Esto es lo que está escrito —les explicó—: que el Cristo padecerá y resucitará al tercer día, y en su nombre se predicarán el arrepentimiento y el perdón de pecados a todas las naciones, comenzando por Jerusalén".

Juan 20:21 "—¡La paz sea con ustedes! —repitió Jesús—. Como el Padre me envió a mí, así yo los envío a ustedes".

Hechos 1: "Pero, cuando venga el Espíritu Santo sobre ustedes, recibirán poder y serán mis testigos tanto en Jerusalén como en toda Judea y Samaria, y hasta los confines de la tierra".

Hay otra referencia, que algunos podrían considerar como una referencia adicional a la Gran Comisión, o un ejemplo, 2 Corintios 5:20 dice: "Así que somos embajadores de Cristo, como si Dios los exhortara a ustedes por medio de nosotros: «En nombre de Cristo les rogamos que se reconcilien con Dios»".

Cada una de estas declaraciones nos da un poco más de información sobre el mandato de Cristo. Una tabla comparativa simple nos ayuda a entender mejor lo que Cristo quiere que comuniquemos, con quién nos comuniquemos y qué acciones adicionales se deben tomar. A continuación se muestra la tabla.

Podemos comprender mejor la misión de Cristo a la Iglesia a medida que observamos las diferentes formas en que se expresa la Gran Comisión en cada pasaje. Es obvio que Cristo está enviando a Su iglesia en Su nombre con Su poder, el poder de Su Espíritu, que permite que el mensaje penetre en el corazón de los que escuchan.

Tabla comparativa de la Gran Comisión

Pasaje	A dónde	A quién	Para ser	Mensaje	Acciones tomadas
Mateo 28:18-20	Donde viven "todas las naciones"	Todas las naciones	Discipuladores Bautizadores Maestros	Todas las cosas que Cristo ha mandado	Hacer, bautizar y enseñar a los discípulos en el nombre del Padre, el Hijo y el Espíritu Santo
Marcos 16:15-16	Todo el mundo	Toda criatura	Predicadores	El Evangelio	Predicar
Lucas 24:45-47	Empezando desde Jerusalén hasta donde viven "todas las naciones"	Todas las naciones	Proclamadores	Que Cristo sufriría y resucitaría de los muertos al tercer día, y que el arrepentimiento para perdón de los pecados se predicase en su nombre	Proclamar el mensaje en nombre de Cristo
Juan 20:21					Ser enviado
Hechos 1:8	Jerusalén, Judea, Samaria, el fin del mundo	Los que viven en Jerusalén Judea, Samaria y los confines de la tierra	Testigos	Lo que vieron como testigos	Ser testigos
2 Cor. 5:20			Embajadores	Reconciliarse con Dios	

En el Libro de Hechos, el Evangelio fue proclamado y la iglesia creció mediante su obediencia a la Gran Comisión en las décadas posteriores a la ascensión de Cristo. Hechos 1:8 es el bosquejo del libro de Hechos: Jerusalén;[20] Judea,[21] Samaria[22] y los confines de la tierra son las diversas secciones del libro.[23] Los capítulos 1 a 7 se centran en la iglesia en Jerusalén, mientras que Judea se menciona 13 veces y se hace referencia a ella en todo el libro de Hechos. Judea y Samaria se mencionan juntas solo tres veces, Hechos 1:8, 8:1 y 9:31. Samaria se menciona principalmente en el capítulo 8 cuando Felipe predica allí. Sólo hay otras dos referencias a Samaria en Hechos 9:31 y 15:3. Los esfuerzos para llegar a los confines de la tierra comienzan con la comisión de dos misioneros en el capítulo 13, Bernabé y Pablo. La mayor parte de los capítulos 13-28 de Hechos se centra en que Pablo lleve el Evangelio a los grupos de gentiles.

Pablo y la Gran Comisión

A medida que la iglesia creció, también aumentó la persecución. Sin embargo, el Libro de Hechos registra

---

[20] Jerusalén se menciona 60 veces en Hechos de 1:4 a 28:17
[21] Hechos 8:1; 9:31; 10:37; 11:1; 11:29; 12:19; 15:1; 21:10; 16:20; y 28:21
[22] Hechos 1:8; 8:1, 4-5, 9, 14; 9:31; y 15:3
[23] Hechos 13-28

que en medio de la persecución, Dios separó a una persona de entre la multitud. Era un joven llamado Saulo, que sostenía las prendas de la multitud y aprobaba la lapidación de Esteban.[24] Posteriormente, este joven tuvo un encuentro con el Cristo resucitado en el camino a Damasco.[25] Dios llamó a Pablo y lo transformó. Más tarde, Dios le dijo a Ananías que fuera a orar para que Pablo recuperara la vista después de su experiencia en el camino a Damasco. Dios le dijo a Ananías que Pablo era "mi instrumento escogido para dar a conocer mi nombre tanto a las naciones y a sus reyes como al pueblo de Israel. Yo le mostraré cuánto tendrá que padecer por mi nombre".[26] Dios levantó a un apóstol, llamado Pablo, "como a uno nacido fuera de tiempo",[27] quien se convirtió en el más grande misionero del Nuevo Testamento y de la iglesia en todas las edades.

Pablo se convirtió en una influencia misionera muy fuerte en el mundo conocido de ese tiempo. Hubo otros que fueron llamados y enviados a las regiones del Imperio Romano; Bernabé es uno de ellos. Sin embargo, es a Pablo a quien Lucas dedica la mayor parte de sus escritos en el Libro de Hechos. Lucas registra fielmente los actos del Espíritu Santo a través de los esfuerzos de Pablo. Sin duda alguna, consideramos que Pablo es el misionero más grande, no solo de la iglesia primitiva, sino de toda la historia de la iglesia. Por esa razón, las actividades misioneras

---

[24] Hechos 7:58
[25] Hechos 9:1-9
[26] Hechos 9:15-16
[27] 1 Corintios 15:8

de Pablo se consideran el principal ejemplo del cumplimiento de la Gran Comisión. Pablo buscó vivir el mandato de Cristo y el llamado de Dios a su vida para llevar su nombre a los gentiles, reyes e hijos de Israel. Pablo le dijo al rey Agripa que había sido fiel a la visión celestial[28] que tuvo cuando se dirigía a Damasco. Pablo le dice lo siguiente al rey Agripa:

> »Así que, rey Agripa, no fui desobediente a esa visión celestial. Al contrario, comenzando con los que estaban en Damasco, siguiendo con los que estaban en Jerusalén y en toda Judea, y luego con los gentiles, a todos les prediqué que se arrepintieran y se convirtieran a Dios, y que demostraran su arrepentimiento con sus buenas obras».[29]

Nuevamente, consideramos que las actividades misioneras de Pablo son el cumplimiento de la Comisión de Cristo a la iglesia. La actividad misionera normal de Pablo incluía lo siguiente: predicar el Evangelio; reunir a los nuevos creyentes como iglesia local; bautizar a los nuevos creyentes; discipular a los nuevos creyentes (enseñándoles a observar todas las cosas); orar por los nuevos creyentes dedicándolos al Señor; nombrar ancianos en cada ciudad; irse de la iglesia local para repetir el proceso en la siguiente área; y luego visitar la iglesia nuevamente en el futuro y escribir cartas a esa iglesia.

---

[28] Hechos 9:1-9
[29] Hechos 26:19-20

El Libro de Hechos debería llamarse "Hechos del Espíritu Santo" en lugar de "Hechos de los Apóstoles". Fue el Espíritu de Dios quien hizo posible la predicación del Evangelio a "todas las naciones" o grupos humanos. ¿Qué es el Evangelio? Pablo usa la palabra "Evangelio" cuando le escribe a la iglesia de Corinto. Él declara: "Ahora, hermanos, quiero recordarles el evangelio que les prediqué, el mismo que recibieron y en el cual se mantienen firmes. Mediante este evangelio son salvos, si se aferran a la palabra que les prediqué. De otro modo, habrán creído en vano".[30] Pablo explicó la palabra "Evangelio" cuando escribió:

> "Porque ante todo les transmití a ustedes lo que yo mismo recibí: que Cristo murió por nuestros pecados según las Escrituras, que fue sepultado, que resucitó al tercer día según las Escrituras".[31]

El mensaje es congruente con la declaración de Jesús en Lucas 24, cuando les abrió la mente para entender las Escrituras, y les dijo: "—Esto es lo que está escrito —les explicó—: que el Cristo padecerá y resucitará al tercer día, y en su nombre se predicarán el arrepentimiento y el perdón de pecados a todas las naciones, comenzando por Jerusalén". La resurrección y el arrepentimiento para el perdón de los pecados en el nombre de Cristo es el mensaje del Evangelio. Este es el mensaje que Pablo predicó en sus viajes misioneros.

---

[30] 1 Corintios 15:1-2
[31] 1 Corintios 15:3-4

Vemos en Hechos 14 que en su primer viaje misionero, Bernabé y Pablo fueron a muchas ciudades predicando el Evangelio. Lucas declara en el versículo 1: "En Iconio, Pablo y Bernabé entraron, como de costumbre, en la sinagoga judía y hablaron de tal manera que creyó una multitud de judíos y de griegos". Predicaron el mensaje del Evangelio y muchos creyeron. En los versículos 6 y 7 vemos que Bernabé y Pablo fueron a "Listra y a Derbe, ciudades de Licaonia, y a sus alrededores, donde siguieron anunciando las buenas nuevas". Los siguientes versículos revelan la metodología que utilizaron Bernabé y Pablo.

> Después de anunciar las buenas nuevas en aquella ciudad y de hacer muchos discípulos, Pablo y Bernabé regresaron a Listra, a Iconio y a Antioquía, fortaleciendo a los discípulos y animándolos a perseverar en la fe. «Es necesario pasar por muchas dificultades para entrar en el reino de Dios», les decían. En cada iglesia nombraron ancianos y, con oración y ayuno, los encomendaron al Señor, en quien habían creído.[32]

La metodología normal empleada por Bernabé y Pablo era predicar el Evangelio, reunir a los nuevos creyentes como iglesia local, bautizar a los nuevos creyentes, discipular a los nuevos creyentes (enseñándoles a observar todas las cosas), orar por los nuevos creyentes consagrándolos al Señor, nombrar ancianos en cada ciudad, irse a la siguiente área para repetir el proceso.

---

[32] Hechos 14:21-23

Después, Pablo escribía cartas a las iglesias que había plantado y a algunas iglesias que no había plantado.

La expansión del Evangelio en el mundo conocido en los días de Pablo se realizó mediante una estrategia no-dependiente, autóctona y reproducible. Pablo empleó consistentemente estos tres principios misioneros de ciudad en ciudad.

Esta es la idea principal que debemos tomar de los esfuerzos de la Gran Comisión en el libro de Hechos, porque Pablo es nuestro ejemplo a seguir en nuestras actividades para cumplir la Gran Comisión. Lo que hizo Pablo es nuestro patrón para los esfuerzos actuales para cumplir la Gran Comisión. Déjeme subrayar este punto: lo que hizo Pablo es nuestro patrón para los esfuerzos actuales para cumplir la Gran Comisión. Esto incluye las actividades previamente señaladas, como predicar el Evangelio, reunir a los nuevos creyentes como iglesia local, bautizar a los nuevos creyentes, discipular a los nuevos creyentes (enseñándoles a observar todas las cosas), orar por los nuevos creyentes consagrándolos al Señor, nombrar ancianos en cada ciudad, irse a la siguiente área para repetir el proceso y luego visitarlas y escribirles cartas.

Vemos que este patrón se repite una y otra vez en los esfuerzos de Pablo para cumplir la Gran Comisión. En Hechos 16, Pablo, Silas, Timoteo y Lucas llegan a "Filipos, que es una colonia romana y la ciudad principal de ese distrito de Macedonia".[33] Lucas declara: "El sábado salimos a las afueras de la ciudad,

---

[33] Hechos 16:12

y fuimos por la orilla del río, donde esperábamos encontrar un lugar de oración. Nos sentamos y nos pusimos a conversar con las mujeres que se habían reunido". [34]

Pablo proclamó el Evangelio y una mujer de Tiatira, vendedora de púrpura, "que se llamaba Lidia, adoraba a Dios... Mientras escuchaba, el Señor le abrió el corazón para que respondiera al mensaje de Pablo". [35] Obviamente, otros que escucharon ese día también respondieron. Lucas nos dice que Lidia y "su familia" fueron bautizados de inmediato. Más tarde, en el relato filipense, Pablo y Silas se encuentran con un carcelero que se convierte en creyente y se bautiza, junto con toda su familia. Lucas declara que el carcelero "se alegró mucho junto con toda su familia por haber creído en Dios". [36] Después de que fueron liberados de la prisión, Pablo y Silas "se dirigieron a la casa de Lidia, donde se vieron con los hermanos y los animaron. Después se fueron". [37] Pablo escribió luego una carta a la iglesia de Filipos. El relato inspirado de Hechos 16 nos proporciona una perspectiva a través de la cual podemos entender mejor la carta a la iglesia de Filipos.

En Hechos 17, Pablo y Silas van a Tesalónica donde proclaman: «Este Jesús que les anuncio es el Mesías». [38] Mientras predican en la sinagoga durante tres sábados,

---

[34] Hechos 16:13
[35] Hechos 16:14
[36] Hechos 16:34
[37] Hechos 16:40
[38] Hechos 17:3

"[a]lgunos de los judíos se convencieron y se unieron a Pablo y a Silas, como también lo hicieron un buen número de mujeres prominentes y muchos griegos que adoraban a Dios".[39] Pablo y su equipo de misioneros predicaron en Berea, Atenas, Corinto, Macedonia, Éfeso y Antioquía, la región de Galacia, Frigia, Acaya y otros lugares.

Durante dos años completos permaneció Pablo en la casa que tenía alquilada, y recibía a todos los que iban a verlo. Y predicaba el reino de Dios y enseñaba acerca del Señor Jesucristo sin impedimento y sin temor alguno. [40]

---

[39] Hechos 17:4
[40] Hechos 28:30-31

Conceptos Clave . . . .

- Aquí hay una serie de observaciones sobre el cumplimiento de la Gran Comisión en el Libro de los Hechos. Esta no es una lista exhaustiva.
- Pablo nos dio un patrón a seguir cuando "hacemos discípulos de todos los grupos humanos".
- El Espíritu Santo llamó a los misioneros de la iglesia local para ser enviados – Hechos 13
- Los misioneros enviados hacen muchas actividades como una extensión de la iglesia local.
- Si no hay una iglesia local, se inicia una. Los nuevos creyentes necesitan un hogar espiritual en el cual crecer. Ese hogar espiritual es una iglesia local.
- La iglesia que envía y la nueva iglesia son parte integral de los esfuerzos para cumplir la Gran Comisión.
- Los esfuerzos para cumplir la Gran Comisión nunca se hacen aparte de la iglesia local.
- El evangelismo no es suficiente. Los nuevos creyentes deben reunirse para recibir apoyo espiritual mutuo y un continuo crecimiento espiritual.
- Los esfuerzos para cumplir la Gran Comisión fueron esencialmente los mismos en cada lugar: se predicó el Evangelio, se congregaron nuevos creyentes como iglesia local, se bautizaron nuevos creyentes, se discipularon nuevos creyentes, se nombraron ancianos para dirigir la nueva iglesia y la nueva iglesia local fue consagrada al Señor.
- Se crearon nuevas iglesias en cada una de las más de 40 ciudades mencionadas en el Libro de los

Hechos.

- Los esfuerzos para cumplir la Gran Comisión dan como resultado nuevos creyentes, nuevas iglesias y nuevos líderes.
- Los esfuerzos para cumplir la Gran Comisión no deben crear dependencia, deben ser autóctonos (generados por la cultura local) y deben ser reproducibles.

¿-? Preguntas a Considerar . . .

1. ¿Qué le ha desafiado en este capítulo?

2. ¿Cuál es la Gran Comisión?

3. ¿Cómo ejemplificó la vida de Pablo la Gran Comisión?

4. ¿Puede explicar la diferencia entre la Gran Comisión y el Segundo Gran Mandamiento?

5. ¿Cuántos principios misioneros puede identificar?

6. ¿Qué oportunidades tiene en el futuro cercano para compartir las ideas de este capítulo con otras personas?

EL SEGUNDO GRAN MANDAMIENTO

El Segundo Gran Mandamiento aparece primero en los escritos de Moisés cuando afirmó que el Señor ordena: "No seas vengativo con tu prójimo, ni le guardes rencor. Ama a tu prójimo como a ti mismo. Yo soy el Señor".[41] Esta enseñanza fundamental es la base de los mandamientos de Cristo, así como los de Pablo. En una ocasión, un escriba le preguntó a Jesús: "—De todos los mandamientos, ¿cuál es el más importante?". Jesús contestó citando los dos grandes mandamientos. "—El más importante es: "Oye, Israel. El Señor nuestro Dios es el único Señor —contestó Jesús—. Ama al Señor tu Dios con todo tu corazón, con toda tu alma, con toda tu mente y con todas tus fuerzas". El segundo es: "Ama a tu prójimo como a ti mismo". No hay otro mandamiento más importante que estos".[42] Jesús también dijo: "»Este mandamiento nuevo les doy: que se amen los unos a los otros. Así como yo los he amado, también ustedes deben amarse los unos a los otros. De este modo todos sabrán que son mis

---

[41] Levítico 19:18
[42] Marcos 12:29-31

discípulos, si se aman los unos a los otros»"[43] Jesús afirmó que un acto de amabilidad, aún tan insignificante como darle a alguien un vaso de agua, tendría recompensa. Él dijo: "Y quien dé siquiera un vaso de agua fresca a uno de estos pequeños por tratarse de uno de mis discípulos, les aseguro que no perderá su recompensa".[44]

En las Escrituras, es Cristo quien habla más claramente sobre este mandamiento. No hay otros pasajes, excepto en los Evangelios, que interpreten tan claramente el versículo de Levítico. Por ejemplo, un día, cuando Jesús estaba enseñando y respondiendo preguntas, un abogado, que quería poner a Jesús a prueba, le preguntó: "¿Quién es mi prójimo?". Entonces Jesús contó la historia del buen samaritano. Qué gran historia para ilustrar el mandamiento de amar a tu prójimo como a ti mismo. En lugar de discutir el tema con un punto tras otro, Jesús da su respuesta de tal manera que es imposible malinterpretar lo que está diciendo. El samaritano fue despreciado por los judíos pero Jesús lo convierte en el héroe de la historia. Jesús toca las emociones y los tabúes judíos con una historia que penetra profundamente en el corazón de sus oyentes.

Hay muchos otros pasajes en el Nuevo Testamento que hablan de este mandamiento. Cuando Pablo escribió a la iglesia en Galacia, dijo: "En efecto, toda la ley se resume en un solo mandamiento: «Ama a tu

---

[43] Juan 13:34-35
[44] Mateo 10:42

prójimo como a ti mismo»".[45] Una vez más, cuando Pablo escribe a la iglesia en Roma, afirma: "Porque los mandamientos que dicen: «No cometas adulterio», «No mates», «No robes», «No codicies», y todos los demás mandamientos, se resumen en este precepto: «Ama a tu prójimo como a ti mismo». El amor no perjudica al prójimo". Así que el amor es el cumplimiento de la ley.[46]

"Santiago, el hermano del Señor"[47] [48] dijo que haríamos bien si cumplimos los "mandamientos, [que] se resumen en este precepto: «Ama a tu prójimo como a ti mismo»".[49] Dios se complace cuando su Iglesia satisface necesidades humanas y muestra bondad y respeto a los menos afortunados. Santiago nos recuerda que "si muestran algún favoritismo, pecan y son culpables, pues la misma ley los acusa de ser transgresores".[50] Una vez más, Dios está presente cuando se trata con bondad y generosidad a los demás. Proverbios nos enseña que "[s]ervir al pobre es hacerle

---

[45] Galatians 5:14

[46] Romanos 13:9-10

[47] Gálatas 1:19

[48] Santiago era el medio hermano de Jesús. En un momento dado, él y su familia no creían lo que Jesús estaba enseñando. Decían que Jesús "está fuera de sí". Marcos 3:21. Después de la resurrección de Jesús, Santiago se convirtió en el líder de la iglesia de Jerusalén y se le ve en Hechos 15. Pablo lo visitó en uno de sus viajes a Jerusalén en Gálatas 1:18-19 y Hechos 21:18

[49] Santiago 2:8

[50] Santiago 2:9

un préstamo al Señor; Dios pagará esas buenas acciones".[51]

En el Libro de Hechos, los apóstoles siguen el ejemplo que Cristo les había dado. Cierto día, "subían Pedro y Juan al templo a las tres de la tarde, que es la hora de la oración,"[52] donde un hombre, cojo desde su nacimiento, pedía limosna. Pedro le dice:

>—No tengo plata ni oro —declaró Pedro—, pero lo que tengo te doy. En el nombre de Jesucristo de Nazaret, ¡levántate y anda!
> Y tomándolo por la mano derecha, lo levantó. Al instante los pies y los tobillos del hombre cobraron fuerza. De un salto se puso en pie y comenzó a caminar. Luego entró con ellos en el templo con sus propios pies, saltando y alabando a Dios.[53]

Pedro luego usa la ocasión –satisfacer una necesidad humana– para comunicar el mensaje del Evangelio cuando pronunció su segundo sermón registrado en el Libro de Hechos.

El Segundo Gran Mandamiento es: amar a tu prójimo como a ti mismo;[54] alimentar al hambriento;[55] vestir al desnudo;[56] visitar a los que están en prisión;[57] cuidar a

---

[51] Proverbios 19:17
[52] Hechos 3:1
[53] Hechos 3:6-8
[54] Mateo 19:19
[55] Mateo 25:35
[56] Mateo 25:36; Santiago 2:15-16
[57] Mateo 25:36

las viudas y los huérfanos;[58] curar a los enfermos;[59] y recibir a los extranjeros;[60] darles una taza de agua fresca;[61] y ayudar a los pobres.[62] Cuando satisfacemos necesidades humanas, mostramos compasión y honramos a Dios.

---

[58] Mateo 1:27
[59] Mateo 14:14
[60] Mateo 25:35; Hebreos 13:2
[61] Mateo 10:42
[62] Proverbios 19:17

Conceptos Clave . . . . . .

- El Segundo Gran mandamiento aparece por primera vez en Levítico 19:18.
- Jesús confirma los dos grandes mandamientos: "Oye, Israel. El Señor nuestro Dios es el único Señor —contestó Jesús—. Ama al Señor tu Dios con todo tu corazón, con toda tu alma, con toda tu mente y con todas tus fuerzas". El segundo es: "Ama a tu prójimo como a ti mismo". No hay otro mandamiento más importante que estos".
- Demostramos el Segundo Gran Mandamiento, amar a tu prójimo como a ti mismo, cuando alimentamos a los hambrientos, vestimos a los desnudos, visitamos a los encarcelados, cuidamos a las viudas y los huérfanos, curamos a los enfermos, recibimos a los extraños y ayudamos a los pobres.
- Cuando satisfacemos necesidades humanas, mostramos compasión y honramos a Dios.

¿-? Preguntas a Considerar . . . .

1. ¿Qué le ha desafiado en este capítulo?

2. ¿Cuál es el Segundo Gran Mandamiento?

3. ¿Qué nos enseñan Jesús, Pablo y las Escrituras acerca del Segundo Gran Mandamiento?

4. ¿Qué oportunidades tiene en el futuro cercano para compartir los principios de este capítulo con otras personas?

LA COMISION Y EL MANDAMIENTO, JUNTOS

Para tener una mejor comprensión de lo que es la misión, es importante considerar tanto la Gran Comisión como el Segundo Gran Mandamiento simultáneamente. La siguiente es una revisión rápida de los dos capítulos anteriores. En esencia, la Gran Comisión, como lo atestigua el Libro de Hechos, es predicar el Evangelio, reunir a los nuevos creyentes como iglesia local, bautizar a los nuevos creyentes, discipular a los nuevos creyentes para observar todo lo que Cristo les ordenó, orar por los nuevos creyentes consagrándolos al Señor, nombrar ancianos en cada ciudad e irse de la iglesia local a fin de repetir el proceso en la siguiente área que recibirá el mensaje del Evangelio. Por otra parte, una expresión del Segundo Gran Mandamiento es amar a tu prójimo como a ti mismo, alimentar a los hambrientos, vestir a los desnudos, visitar a los encarcelados, cuidar a las viudas y los huérfanos, curar a los enfermos y recibir a los extranjeros.

Lo que la iglesia moderna llama "misiones" a menudo se ha asociado con la satisfacción de necesidades humanas, como la ayuda humanitaria y los ministerios sociales, asumiendo que, al satisfacer esas necesidades, se ha predicado el Evangelio. La frase "predica el evangelio en todo momento, usa palabras si es necesario", se le ha atribuído a Francisco de Asís pero en realidad él no hizo tal afirmación.[63] Esta conocida frase implica que podemos predicar el Evangelio solo con nuestras acciones. Esta es una idea falsa. En las Escrituras, cuando el Evangelio fue comunicado, se comunicó mediante la enseñanza y la predicación.

Lo que la iglesia moderna llama la Gran Comisión, satisfacer necesidades humanas, es simplemente un malentendido de la Gran Comisión. Satisfacer las necesidades humanas es una expresión del Segundo Gran Mandamiento y no de la Gran Comisión. Este malentendido ha llevado a muchos a creer que todo lo que hacemos fuera de las cuatro paredes del edificio de la iglesia es una actividad basada en la Gran Comisión. Algunos líderes creen que comprender esta diferencia no tiene ningún impacto en lo que hacemos. Esa idea solo muestra hasta qué grado llega el declive en la educación sobre la Gran Comisión.

El objetivo de una misión y un ministerio equilibrados es hacer ambas cosas sin omitir ninguna. Cristo es nuestro ejemplo. Hizo ambas cosas al mismo tiempo. Mateo dice que Cristo "[enseñaba] en las sinagogas, anunciando las buenas nuevas del reino, y sanando

---

[63] Midwest Capuchin Franciscans Vocation – www.capuchinfranciscans.org/blog/preach-the-gospel-at-all-times-if-necessary-use-words

toda enfermedad y dolencia entre la gente"[64] en su ministerio en Galilea. Él proclamó el Evangelio y luego satisfizo las necesidades humanas. "Al ver a las multitudes, tuvo compasión de ellas, porque estaban agobiadas y desamparadas, como ovejas sin pastor". «La cosecha es abundante, pero son pocos los obreros —les dijo a sus discípulos—. Pídanle, por tanto, al Señor de la cosecha que envíe obreros a su campo»".[65] En otra ocasión, Mateo dice que no solo en Galilea, "Jesús recorría todos los pueblos y aldeas enseñando en las sinagogas, anunciando las buenas nuevas del reino, y sanando toda enfermedad y toda dolencia".[66] Obviamente, este era un aspecto rutinario de su ministerio.

Un día, un discípulo de Juan vino a Jesús y le preguntó si él era "el esperado". La respuesta de Jesús incluye tanto el Gran Mandamiento como la Gran Comisión. Jesús dijo:

—Vayan y cuéntenle a Juan lo que están viendo y oyendo: Los ciegos ven, los cojos andan, los que tienen lepra son sanados, los sordos oyen, los muertos resucitan y a los pobres se les anuncian las buenas nuevas.[67]

Ambos son componentes necesarios para satisfacer todas las necesidades de las personas. Sin embargo, el hecho de que un componente esté presente no

---

[64] Mateo 4:23
[65] Mateo 9:36-38
[66] Mateo 9:35
[67] Mateo 11:4-5

significa que el otro también lo esté. Muchas personas compartirán el Evangelio y no intentarán satisfacer las necesidades humanas de los demás, mientras que otros solo cubrirán las necesidades humanas y no compartirán el Evangelio. Satisfacer las necesidades humanas sin incluir una presentación del Evangelio es como trabajar para los *Peace Corps*.[68] Si alguien quiere satisfacer las necesidades humanas solamente, entonces los *Peace Corps* son la opción perfecta. Pero dentro de un contexto cristiano, el Evangelio debe ser incluido. Podemos satisfacer todas las necesidades humanas que existen, pero si no incluimos el Evangelio, aquellos que reciban nuestra ayuda pasarán a una eternidad sin Cristo. El hecho de que estés físicamente presente satisfaciendo necesidades humanas no significa que el Evangelio se comunique. Una vez más, podemos satisfacer todas las necesidades humanas que existen y las personas, sin Cristo, pasarán a la eternidad sin estar preparadas para enfrentar el juicio venidero.

> *La presencia del creyente no significa que el Evangelio está siendo proclamado*

El malentendido de llamar "misiones" a todo lo que hacemos o de limitarse a satisfacer necesidades

---

[68] Los *Peace Corps* son una oportunidad de servicio para las personas que quieren integrarse a una comunidad en el extranjero para propiciar cambios sociales, trabajando codo con codo con los líderes locales para enfrentar los desafíos más apremiantes de nuestra generación.
https://www.peacecorps.gov/about

humanas es como intentar volar un avión con una sola ala. Se necesitan dos alas para equilibrar el avión. Entonces, se necesitan dos enfoques para equilibrar los esfuerzos de la iglesia.

Donald McGavran[69] identifica con precisión la trampa de convertir un objetivo secundario, como satisfacer las necesidades humanas, en el enfoque principal de nuestros esfuerzos, mientras que hacer discípulos de todos los grupos humanos queda relegado. McGavran afirma que

> es virtualmente imposible participar en la tarea misionera sin incorporar el ministerio cristiano bíblico. Sin embargo, la participación en un ministerio cristiano bíblico efectivo puede realizarse sin cruzar la línea de las misiones. Como resultado de la mínima respuesta en el nuevo trabajo misionero, este se desvió fácilmente hacia objetivos secundarios. Las misiones no solo se enfocaron en objetivos secundarios sino que llegaron a considerarlos primarios. Los comités que enviaban misioneros y las iglesias no hicieron distinción entre proyectos misioneros que sirven al

---

[69] "McGavran nació en Damoh, India, en 1897. Como misionero de tercera generación, la familia de McGavran sumó 279 años de servicio en la India en 1954. Donald McGavran dio crédito a su formación misionera temprana y experiencia a la amistad y la guía de su padre, John McGavran. https://en.wikipedia.org/wiki/Donald_McGavran https://en.wikipedia.org/wiki/Donald_McGavran

objetivo principal y las que sirven a los objetivos secundarios.[70]

La observación de McGavran proviene de su experiencia misionera en India. Su idea es bastante clara. Cuando nos enfocamos tanto en una actividad secundaria, por ejemplo satisfacer necesidades humanas, en algún momento este enfoque reemplazará nuestro enfoque principal de hacer discípulos de todos los grupos humanos. El objetivo secundario reemplazará al primario y provocará que el enfoque primario se convierta en secundario. El Evangelio es el enfoque primario, mientras que la satisfacción de las necesidades humanas es el secundario.

Gerald Harris también identifica correctamente el equilibrio apropiado entre la Gran Comisión y el Gran Mandamiento. Él afirma:

> El evangelio social acoge a los ministerios que brindan ayuda a los necesitados: proveer vestido, bancos de alimentos y clínicas de salud, casi cualquier cosa que contribuya al bienestar de la sociedad. Las iglesias deberían participar en estos ministerios sociales, pero estos ministerios no deberían ser el objetivo principal. Todo ministerio social o acto de bondad debe crear un puente para compartir el Evangelio. Cuando era pastor de Eastside Baptist Church en Marietta, leí el libro de Steve Sjogren *Conspiracy of Kindness* (La conspiración de la amabilidad). Sjogren ofrece a

---

[70] Donald McGavran. *Bridges of God.*

sus lectores una lista casi ilimitada de actos de bondad sin pretensiones que los cristianos pueden practicar para comunicar el amor de Cristo. Descubrí que muchos de nuestros amigos estaban entusiasmados con dar agua en un caluroso día de verano, pintar números de casas en el borde de la acera, lustrar los zapatos de las personas gratuitamente en el centro comercial e incluso envolver regalos gratuitamente en una tienda departamental en Navidad, pero nunca compartieron el Evangelio. Las buenas obras son importantes, pero hay innumerables organizaciones de servicio que ayudan al público. Los cristianos no solo tienen el privilegio de darle a un hombre un traje nuevo, sino de que el nuevo traje del hombre sea el resultado del cambio realizado por el Evangelio que le han compartido.[71]

---

[71] Gerald Harris. *The Southern Baptist Convention is Undergoing a Seismic Shift.* Christian Index. https://christianindex.org/the-southern-baptist-convention-is-undergoing-a-seismic-shift/

Conceptos Clave . . . .

- Los grupos, iglesias o personas que provienen de fuera de la zona geográfico objetivo deben trabajar con las iglesias y o misioneros existentes (especialmente si no hay una iglesia local) de forma tal que el resultado de los esfuerzos evangelísticos pueda sostenerse después de estos grupos, iglesias o individuos se hayan ido.
- La iglesia local tiene la responsabilidad de satisfacer las necesidades humanas existentes y hacer discípulos de su propia comunidad.
- La iglesia local debe dirigir cualquier esfuerzo para satisfacer las necesidades humanas y compartir el Evangelio.
- Todos los creyentes necesitan un hogar espiritual donde crecer y madurar. La iglesia local es ese hogar espiritual. Si una iglesia local no existe, comience una.
- Podemos alimentar a todos los que tienen hambre, vestir a todos los que están desnudos, construir refugios para personas sin hogar, sanar a todos los enfermos y visitar a todos en prisión, pero si no dirigimos a las personas a una relación salvífica con Jesucristo, pasarán la eternidad separados de Cristo al morir.
- Cuando nos concentramos tanto en un ministerio secundario, como solo satisfacer necesidades humanas, el ministerio secundario eventualmente reemplazará nuestro enfoque principal de hacer discípulos de todos los grupos humanos.
- El Evangelio es lo principal, mientras que la satisfacción de necesidades humanas es el enfoque

secundario que provee oportunidades para el objetivo primario.

- Debemos tener un enfoque equilibrado para las misiones y el ministerio.

Mandatos de la Iglesia

Ama al Señor tu Dios con todo tu corazón, con todo tu ser y con toda tu mente	La Gran Mandamiento
Ama a tu prójimo como a ti mismo	(MINISTERIO)
De todas las naciones	El Gran Comisión
Hagan discípulos Bautizándolos Enseñándoles	(MISIONES)

¿-? Preguntas a Considerar . . . .

1. ¿Qué le ha desafiado en este capítulo?

2. ¿Puede explicar la diferencia entre la Gran Comisión y el Segundo Gran Mandamiento?

3. ¿Cómo se complementan la Gran Comisión y el Gran Mandamiento?

4. ¿Qué sucede cuando lo primordial es satisfacer las necesidades humanas y la Gran Comisión es secundaria?

5. ¿Qué oportunidades tiene en el futuro cercano para compartir los principios de este capítulo con otras personas?

TRES PRINCIPIOS VITALES

Existen varios principios misiológicos básicos con base en los cuales todas las misiones y ministerios deberían funcionar. "Misiología" es el estudio de la misión de Dios: *missio dei*. Los principios misiológicos se descubren a medida que la misión de Dios se expresa a través de la iglesia. Un principio es una verdad fundamental que es válida en cualquier época histórica, cualquier contexto cultural, cualquier lenguaje y para cualquier individuo o grupo que desee aplicarla. Al estudiar la historia de la iglesia, podemos identificar los esfuerzos evangélicos que Dios ha bendecido y los que no ha bendecido. Los principios misiológicos son las verdades en el nivel macro que trascienden cualquier cultura, idioma o tiempo en la historia.

Podemos evitar muchos fracasos en el trabajo misionero y el ministerio cuando nos guiamos por esos principios básicos. Muchas personas y grupos bien intencionados sirven a Dios con un corazón sincero pero emplean métodos en su misión y/o realizan actividades ministeriales que en realidad obstaculizan o detienen la difusión del Evangelio. En otras palabras, los métodos utilizados son contraproducentes para el objetivo previsto de la misión y/o la actividad ministerial. Hay momentos en que hacemos más daño que bien a la difusión del Evangelio a causa de los métodos que empleamos.

Pablo solicitó la oración de la iglesia en Tesalónica cuando dijo: "Por último, hermanos, oren por nosotros para que el mensaje del Señor se difunda rápidamente y se le reciba con honor, tal como sucedió entre ustedes".[72] Pablo vio la importancia de que la Palabra de Dios sea liberada para que se expanda rápidamente. Es vital que empleemos metodologías que cumplan con estos tres requisitos básicos. Debemos repensar las metodologías que empleamos y filtrar nuestras actividades a través de los Principios Misiológicos NIR. Los Principios Misiológicos NIR[73] son: No-dependencia; Naturaleza Autóctona; y Reproducibilidad. Los siguientes capítulos proporcionan una explicación más profunda de estos fundamentos indispensables de las misiones efectivas y el ministerio, incluidos varios ejemplos de estos tres principios.

---

[72] 2 Tesalonicenses 3:1

[73] El autor usa las iniciales de los principios misiológicos en inglés (Non-Dependency, Indigeneity, Reproducibility) para crear la palabra NIR, cuyo sonido en inglés es similar a la palabra "cerca" (near).

NO-DEPENDENCIA

La dependencia es un tema importante a considerar cuando evaluamos el "cómo" y el "por qué" hacemos lo que hacemos en las misiones y el ministerio. La sinceridad del corazón hacia Dios no es el problema, el problema es la metodología correcta. Podemos ser sinceros en lo que estamos tratando de lograr y tener motivos puros, pero aún así usar métodos que obstaculizan la difusión del Evangelio. Los métodos inadecuados no producen los resultados que deseamos. Se crea dependencia cuando enseñamos a otros a depender de nosotros en lugar de enseñarles a depender de Dios y de ellos mismos. Creamos dependencia, directa o indirectamente, cada vez que propiciamos que las personas confíen en nosotros. Esto no siempre ocurre a través de palabras directas, sino a través de nuestras acciones y actitudes. Por ejemplo, hay situaciones apropiadas en las cuales compartimos recursos, pero bajo ciertas condiciones. Queremos crear aliados en el ministerio y misiones que no sean dependientes.

La dependencia debilita, lo que significa privar de fuerza y destruir el empuje de algo. Algunos de los métodos que usamos en misiones y el ministerio en realidad crean un ambiente que asfixia el crecimiento y daña nuestros esfuerzos a largo plazo. La dependencia obstaculiza el proceso de maduración espiritual al crear una mentalidad como la que encontramos en el sistema de seguridad social. Al buscar un enfoque equilibrado de misiones y ministerio, debemos considerar seriamente dos directrices de no-dependencia.

❦

No hacemos por los demás lo que ellos ya son capaces hacer por sí mismos.

Creamos un ambiente que no es sano cuando hacemos misiones y actividades ministeriales en favor de personas o grupos que son capaces de hacerlo por sí mismos. Cuando hacemos por ellas lo que ellas pueden y deben hacer por sí mismas, enseñamos a las personas a depender de nosotros y no de Dios. Este tipo de mentalidad se evidencia cuando un individuo o un grupo depende de otros para obtener asistencia externa y no planea dejar de necesitar esta ayuda.

Hay una clara distinción entre ayudar y sostener. Dar ayuda a alguien necesitado honra a Cristo. Pero propiciar que una persona viva continuamente una vida espiritual dependiente de los demás, no honra a Cristo. Es de esperarse que todos los creyentes asuman la responsabilidad de su propio desarrollo espiritual y no permanezcan como bebés en Cristo. Es de esperarse que todos los creyentes inviertan en su propio desarrollo espiritual. Si no tenemos la expectativa de ese compromiso espiritual, dejamos que permanezcan indisciplinados en su propia maduración. Esto fue cierto en la vida de Pablo. Él declaró en su carta a la iglesia de Corinto:

> Yo, hermanos, no pude dirigirme a ustedes como a espirituales, sino como a inmaduros, apenas niños en Cristo. Les di leche porque no podían asimilar alimento sólido, ni pueden todavía, pues aún son inmaduros. Mientras haya entre ustedes celos y contiendas, ¿no serán inmaduros? ¿Acaso no se están comportando según criterios meramente humanos?[74]

Este tipo de mentalidad debilita a las personas y crea una mentalidad como la que encontramos en el sistema de seguridad social. Estas relaciones equivocadas crean personas dependientes, no discípulos. Si tomamos en serio las instrucciones de Pablo a Timoteo, debemos usar métodos que produzcan discípulos, no personas dependientes. Pablo le dijo a Timoteo: "Lo que me has oído decir en presencia de muchos testigos, encomiéndalo a creyentes dignos de confianza, que a su vez estén capacitados para enseñar a otros".[75] Se pueden identificar cuatro generaciones de discípulos en este versículo: Pablo; Timoteo; hombres fieles; otros. Este hecho se expondrá en la sección de "Reproducibilidad".

---

[74] 1 Corintios 3:1-3
[75] 2 Timoteo 2:2

Debemos ver francamente este hecho. Con base en los métodos que usamos y lo que esperamos de los demás, ¿qué tipo de discípulos estamos creando? Debemos permitir e incluso esperar que las personas hagan por ellas mismas lo que pueden hacer y ya deben estar haciendo. Muchas veces continuamos sosteniendo a los demás espiritualmente cuando deberían estar tratando de crecer solos por medio de la práctica de lo que ya saben hacer. Desafortunadamente, a veces no tenemos la expectativa de que las personas se hagan responsables de su propio crecimiento y permitimos que permanezcan en la infancia espiritual porque hacemos demasiado por ellas cuando ellas deberían estar esforzándose por alcanzar una mayor madurez personal y como seguidores de Cristo.

Las analogías que ilustran este principio son numerosas. Por ejemplo, ¿cuántos de nosotros, como padres, queremos continuar vistiendo a nuestros hijos cuando deberían vestirse solos? Esperamos que un niño normal avance en las etapas adecuadas de desarrollo. A cierta edad, queremos que nuestros hijos se vistan, se cepillen los dientes y se alimenten solos; no aprender a hacer esto sería antinatural. Enseñamos a nuestros hijos sobre la vida y sobre Dios y esperamos que crezcan bajo nuestra guía amorosa. Esperamos que crezcan hasta madurar pasando por varias etapas apropiadas para su edad. De hecho, nos preocupa si un niño no está haciendo lo que es normal para su grupo de edad. Lo mismo es cierto en materia espiritual. Deseamos que los individuos lleguen a ser discípulos maduros que dependen de Dios. Crear dependencia en las personas provocando que no aprendan a alimentarse espiritualmente, y en otros campos, es una violación de este principio.

Steve Saint reconoció claramente este primer principio cuando un equipo cristiano misionero de corto plazo se relacionó con la tribu waodani en Ecuador, que está en Sudamérica. En relación con el trabajo misionero, Saint afirma: "Cuando en nombre de la misión cristiana hacemos por los creyentes indígenas lo que ellos pueden hacer por sí mismos, socavamos la iglesia misma que Dios nos ha enviado a plantar".[76] Sigue diciendo que nuestros métodos crean un resultado opuesto a lo que queremos. Él caracteriza el resultado de esta manera:

> Personas que eran muy independientes se dan cuenta de que no pueden vivir sin los misioneros y se molestan por ser dependientes. Si los misioneros dejan de darles los bienes o servicios que les ofrecen, las personas, que han empezado a ver el servicio como un derecho, se molestan porque se les está quitando algo.[77]

⁂

---

[76] Steve Saint. *The Great Omission*. Seattle: YWAM Publishing. 2001. Pg. 58.
[77] Ibid. Pg. 53.

Enseñamos a otros lo que no pueden hacer actualmente

Necesitamos enseñar a otros a hacer misiones y ministerios que actualmente no son capaces de hacer. Como dice el conocido dicho: "Dale a un hombre un pescado y lo alimentarás por un día, enséñale a pescar y lo alimentarás para toda la vida". Necesitamos enseñar a otros a pescar por sí mismos para que no se dependan de nosotros sino de Dios. Él es el suficiente, nosotros no. Este punto podría revelar una actitud orgullosa en nosotros; queremos que otros dependan de nosotros. Nos sentimos bien cuando alguien nos necesita. Esto cubre una necesidad insatisfecha en nosotros. Todos queremos que las personas nos aprecien. Sin embargo, esta es una actitud orgullosa. Debilitamos a los demás y evitamos que desarrollen todo su potencial cuando les enseñamos a acudir a nosotros para obtener respuestas a las preguntas de la vida o para satisfacer sus necesidades. Los que tuvieron la mayor influencia en nuestras vidas fueron aquellos que nos guiaron y nos permitieron madurar bajo su guía.

El pastor de Willow Creek, Bill Hybels, en un video que explica los resultados de una revisión exhaustiva de la iglesia, dijo que sus iglesias no estaban haciendo el buen trabajo de crear creyentes que pudieran alimentarse espiritualmente de las Escrituras. En el informe de la iglesia (The Reveal), el pastor dijo que algunos de sus métodos creaban creyentes que dependían de los programas de la iglesia y de otras personas para nutrirse espiritualmente. Tales creyentes se volvieron dependientes y en algún momento causaron problemas en la iglesia porque eran niños espirituales que necesitaban un cuidado constante. El desarrollo espiritual hacia la madurez para los creyentes dependientes encontró obstáculos en el camino. Este es un problema real con nuestro cristianismo consumista. A los creyentes se les enseña a ser consumidores y no productores. Al menos Hybels y sus líderes tuvieron madurez suficiente para mirar con seriedad los resultados de los esfuerzos de su ministerio.[78] Crear discípulos que puedan alimentarse espiritualmente es la esencia misma del verdadero discipulado.

¿Qué pasaría si nuestros discípulos fuesen perseguidos por su fe y no pudiesen escuchar el último sermón en el sitio web de nuestra iglesia? ¿O qué pasa si ese discípulo no puede descargar algo en su teléfono? ¿Qué pasaría si uno de nuestros discípulos fuese perseguido y no pudiese leer el último libro cristiano popular? Los discípulos no dependientes resisten la persecución. Si formamos discípulos que dependen de "cosas", estos discípulos no dependerán de Dios. Sí, Dios puede usar tales cosas, pero, ¿qué sucede cuando no las tenemos? Un creyente maduro no solo puede alimentarse solo de las Escrituras, sino que también puede guiar espiritualmente a otros a alcanzar la madurez espiritual.

Hace años, unos hermanos en Cristo, esposo y esposa, me dijeron que no podían sobrevivir espiritualmente sin contar con un grupo de personas que los apoyara.

---

[78] www.revealnow.com/story.asp?storyid=49

No podrían sobrevivir sin una iglesia local. Mi respuesta fue que no podrían ser misioneros en una cultura diferente ni podrían ser usados por Dios para servir en un área geográfica donde no hubiese iglesia porque no tenían la madurez suficiente para sobrevivir sin depender de otros. Sí, necesitamos el apoyo de otros creyentes, pero debemos madurar espiritualmente hasta el punto de alimentarnos directamente de la Palabra de Dios. Dichos siervos no dependientes deben saber cómo comunicarse con Dios y alimentarse espiritualmente de las Escrituras. Debemos ser bendecidos y ministrados por otros, pero no debemos depender de otros para nuestro crecimiento espiritual. Pablo sí tenía un equipo de líderes a su alrededor en sus últimos años de ministerio. Pablo fue discipulado por otros, pero creció hasta la madurez porque asumió la responsabilidad de su propio crecimiento personal. La base de nuestra vida debe ser una relación directa con Dios, quien alimenta nuestro espíritu.

El siguiente ejemplo de cómo se puede enseñar a alguien a hacer lo que en este momento no puede hacer se ha utilizado en innumerables ocasiones a través de los siglos. Un matrimonio de misioneros a fines de la década de los noventa fue designado por la Junta de Misiones Internacionales para servir en zonas rurales de México. Después de completar un año de estudio de idiomas, se mudaron a la región geográfica elegida. El esposo no tenía experiencia transcultural previa, pero estaba ansioso por aprender. Otra pareja de misioneros mayores, que estaban a punto de retirarse, se hicieron amigos de los misioneros más jóvenes. El misionero mayor se hacía acompañar del misionero más joven todos los días sin importar a dónde fuera. A medida que el misionero mayor realizaba su rutina diaria normal, le explicaba al nuevo misionero cómo y por qué hacía las cosas de una manera detallada. Muchas veces, sus actividades eran guiadas por la cultura más que cualquier otra cosa. Al final de un año de trabajar con el misionero mayor, el nuevo misionero pudo continuar los esfuerzos del Evangelio en esa región porque había sido discipulado para no ser dependiente. El misionero mayor se retiró pero el trabajo continuó a través de los esfuerzos del nuevo misionero. El nuevo misionero, que ahora es un experimentado siervo, ha dicho en muchas ocasiones que su éxito en el ministerio se debe a que el misionero mayor le enseñó a hacer lo que él no podía hacer.

Dependencia y regalos

¿Cuál es la diferencia entre un regalo que no crea dependencia y un regalo que crea dependencia? Los regalos que no crean dependencia son aquellos que mejoran y amplían los esfuerzos misioneros de las personas que los reciben. Por ejemplo, le regalamos un automóvil usado a una persona que no tiene automóvil. Parece un buen regalo, todos deberían tener un carro, ¿o no? Conozco un pastor que recibió un regalo como ese. Estaba muy agradecido y se sentía honrado por haber recibido un carro de regalo, especialmente porque no lo podía pagar. Pero luego me dijo que no tenía suficiente dinero para comprar la gasolina, repararlo cuando fuera necesario o pagar otros gastos relacionados con el automóvil. Le pregunté qué hizo con el automóvil cuando el equipo de la iglesia visitante se fue. "El coche estuvo fuera de mi casa por más de un año porque no tenía el dinero para usarlo", dijo. "Luego, finalmente lo vendí para que no se quedara permanente ahí". Este tipo de regalo era una carga para el pastor y no mejoraba ni expandía su ministerio.

Los regalos correctos aumentarán la capacidad de la persona o grupo que recibe el regalo para seguir desarrollando el ministerio o la actividad misionera. Aproximadamente en el 2007, una iglesia en el área de Houston, Texas, me pidió que dirigiera en conjunto con otra persona una parte de su taller de plantación de iglesias de tres días en la península de Yucatán, en México. Su pastor hispanoparlante fue el maestro principal, quien enseñó un poco más de la mitad de las clases, mientras yo enseñaba las otras clases. Al comenzar el taller de tres días, tuve la bendición de conocer a muchos grandes líderes y creyentes de la iglesia. Antes de esta experiencia, no había visitado un lugar donde hubiera tantos creyentes mayas. Disfruté mucho escuchándolos hablar en su idioma por primera vez. Conocí a un pastor maya que estaba lisiado y usaba una muleta para caminar. Parece que todavía podía usar una de sus piernas, mientras que la otra estaba totalmente paralizada. Me dijeron que era un pastor y líder muy respetado entre los creyentes mayas. Una tarde, un pastor retirado con el que estaba conversando mencionó al pastor maya. Aparentemente el pastor retirado y su organización misionera le habían dado al pastor maya un pequeño vehículo motorizado para personas discapacitadas (*scooter*). Hasta ese momento, el pastor maya había tenido bajo su cuidado dos iglesias, una en el valle y otra en el área montañosa. El pastor maya tenía una bicicleta que pedaleaba con una solo pierna cuesta arriba para visitar a la congregación en las montañas. Eso es increíble, subir la colina con una sola pierna sana. Pero lo que es aún más sorprendente, también llevaba a su esposa y a su hija pequeña en la bicicleta. En otras palabras, los transportó a los tres cuesta arriba simplemente para asegurarse de que la congregación tuviera un pastor. ¡Vaya compromiso! Me dijeron que el pastor retirado y su organización le compraron un pequeño *scooter* al pastor maya. El *scooter* también tenía un carro adjunto para que el pastor maya pudiera llevar a su esposa y a su hija. El pastor retirado me dijo que el pastor maya lloró cuando recibió el regalo. Estaba conmovido por la idea de que una persona pudiera ser tan amable como para darle un regalo que le permitiría mejorar y expandir el ministerio al que Dios lo había llamado. Este es un gran ejemplo de un regalo que no crea dependencia y que bendice a quien lo recibe. El pastor maya pudo pagar la pequeña cantidad de gasolina requerida para operar el *scooter*. Comparado con el automóvil del ejemplo anterior, el mantenimiento del *scooter* era accesible. Desde que recibió el regalo, el pastor maya no dependió de ninguna fuente externa para usarlo a su máxima capacidad. Los regalos que no crean dependencia son una ayuda, no una carga, para quienes los reciben. Este es uno de esos ejemplos.

Pablo habla de las ofrendas que recibió, que fueron bendiciones que mejoraron y expandieron su ministerio. Él escribe lo siguiente:

> Y ustedes mismos, filipenses, saben que en el principio de la obra del evangelio, cuando salí de Macedonia, ninguna iglesia participó conmigo en mis ingresos y gastos, excepto ustedes. Incluso a Tesalónica me enviaron ayuda una y otra vez para suplir mis necesidades. No digo esto porque esté tratando de conseguir más ofrendas, sino que trato de aumentar el crédito a su cuenta. Ya he recibido todo lo que necesito y aún más; tengo hasta de sobra ahora que he recibido de Epafrodito lo que me enviaron. Es una ofrenda fragante, un sacrificio que Dios acepta con agrado. Así que mi Dios les proveerá de todo lo que necesiten, conforme a las gloriosas riquezas que tiene en Cristo Jesús.[79]

Pablo expresa su agradecimiento a la iglesia por enviarle ayuda en varias ocasiones diferentes. Al leer el pasaje, podemos ver que estos ayuda no hizo a Pablo dependiente de la iglesia filipense. Él y la iglesia eran aliados en el ministerio.

🌱

Dependencia en resumen

Jesús dio el principio de crear discípulos, no personas dependientes, de esta manera: "Por tanto, vayan y

---

[79] Filipenses 4:15-19

hagan discípulos de todas las naciones, bautizándolos en el nombre del Padre y del Hijo y del Espíritu Santo, enseñándoles a obedecer todo lo que les he mandado a ustedes. Y les aseguro que estaré con ustedes siempre, hasta el fin del mundo".[80] Jesús dijo: "enseñándoles a obedecer todo lo que les he mandado a ustedes". Se espera que aquellos a quienes se les enseñe "obedezcan" lo que se les enseña. La responsabilidad personal se entiende en este versículo. La comprensión de Pablo del principio de no-dependencia se expresa en su carta a Timoteo: "Toda la Escritura es inspirada por Dios y útil para enseñar, para reprender, para corregir y para instruir en la justicia, a fin de que el siervo de Dios esté enteramente capacitado para toda buena obra".[81]

Si hemos de desarrollar creyentes maduros que se reproduzcan y sean líderes en el futuros, debemos evitar las trampas de la dependencia. David entendió el proceso de la madurez y los problemas de la no-dependencia cuando escribió las siguientes palabras: "Tus mandamientos me hacen más sabio que mis enemigos porque me pertenecen para siempre. Tengo más discernimiento que todos mis maestros porque medito en tus estatutos. Tengo más entendimiento que los ancianos porque obedezco tus preceptos".[82]

---

[80] Mateo 28:18-20
[81] 2 Timoteo 3:16-17
[82] Salmos 119:98-100

Conceptos Clave . . . .

- No debemos hacer por los demás lo que ellos ya pueden hacer por sí mismos.
- La dependencia debilita, privando de fuerza y destruyendo el impulso.
- Algunos de los métodos que usamos en misiones y el ministerio en realidad crean un ambiente que asfixia el crecimiento y daña nuestros esfuerzos a largo plazo.
- La dependencia obstaculiza el proceso de maduración espiritual al crear una mentalidad como la que encontramos en el sistema de seguridad social.
- Debemos enseñar a todos los creyentes a invertir en su propio desarrollo espiritual. No esperar tal compromiso espiritual es permitir que las personas permanezcan indisciplinadas en su propia maduración.
- Debemos enseñar a otros a hacer lo que hoy no pueden hacer.
- Los regalos que no crean dependencia son aquellos que mejoran y amplían los esfuerzos misioneros de las personas que los reciben.
- Crear discípulos que puedan alimentarse espiritualmente es la esencia misma del verdadero discipulado.
- Si creamos discípulos que dependen de "cosas", no dependerán de Dios.

¿-? Preguntas a Considerar . . . .

1. ¿Qué le ha desafiado en este capítulo?

2. Después de leer este capítulo, ¿cómo ha cambiado su comprensión de este principio?

3. ¿De qué manera podría estar creando o permitiendo la dependencia al discipular a otros?

4. ¿Qué cambios podría necesitar hacer en su ministerio o sus esfuerzos misioneros para evitar la dependencia?

5. ¿En qué áreas de su vida podría estar dependiendo de otros en lugar de dar pasos hacia la madurez y la dependencia de Dios?

6. ¿Qué oportunidades tiene en el futuro cercano para compartir lo principios de este capítulo con otras personas?

NATURALEZA AUTOCTONA

Definición

La palabra autóctono, en un sentido general, significa que "ha nacido o se ha originado en el mismo lugar donde se encuentra".[83] Al aplicar el término al ministerio y las misiones, una naturaleza autóctona se refiere a lo proviene o es característico de un grupo de personas o segmento de población. Cada grupo de personas o segmento de población tiene características que permiten distinguirlo de otros grupos.

No podemos entender lo que es propio o característico de un grupo de personas o segmento de población sin referirnos a la cultura. Nacemos en una cultura y moriremos en una cultura. El término "cultura" se refiere a todo comportamiento aprendido o adquirido socialmente, es decir, los rasgos materiales y no materiales que se transmiten de una generación a otra. Ambos son transmisibles y acumulativos, y son

---

[83] Diccionario del Real Academia Española, http://dle.rae.es/?id=4RuA840

culturales en el sentido de que son transmitidos por la sociedad, no por los genes.[84]

El misionero Eugene Nida también afirma que

> La cultura es una forma de comportamiento, pensamiento y reacción, pero la cultura no es visible. Vemos manifestaciones de la cultura en objetos particulares (cosas hechas o usadas por personas) y acciones (lo que las personas hacen o dicen).[85]

Dios obra a través de la cultura para comunicarse con nosotros. Esto lo reitera Anthony Conner al afirmar: "Toda comunicación tiene lugar dentro del contexto de la cultura".[86] Dios ha elegido hablarnos en contextos culturales.

❧

---

[84] Eugene Nida. *Customs and Cultures: Anthropology for Christian Missions*. William Carey Library Pub; 2 edition (June 1975). Pg. 28.

[85] Ibid.

[86] Anthony L. Conner. *An Oral Strategy for Training Leaders Among the Aztec Indians*. Doctor of Ministry Thesis Propuesta presentada a Liberty Baptist Theological Seminary en cumplimiento parcial de los requisitos para el grado académico. Noviembre de 2012.

El Proyecto Yao

El Evangelio nunca alcanzará su plena expresión a menos que se le permita ser autóctono en una cultura. Cuando esperamos que los demás se vuelvan como nosotros, que somos una cultura externa, hemos violado el principio de la naturaleza autóctona de las misiones. Esto se ve claramente en el Proyecto Yao,[87] que fue un esfuerzo de evangelización específicamente diseñado para alcanzar a los yao, en África.

Varias generaciones antes del proyecto, los yao habían rechazado el Evangelio porque un grupo de misioneros les dijo que era necesario abandonar su cultura yao para convertirse en seguidores de Cristo. Esto significaba que no podían ser yao y cristianos al mismo tiempo. Tuvieron que elegir entre los dos. Entonces, se convirtieron en musulmanes para conservar su herencia cultural. A veces olvidamos cuán fuerte es la cultura en nuestra identidad y entendimiento. No podemos vivir sin una cultura. La cultura proporciona una estructura diaria y un método con el que interpretamos la vida y las relaciones.

---

[87] Me enteré por primera vez del Proyecto Yao cuando era misionero en Venezuela al final de los años noventa durante un programa de entrenamiento. Steve Evans dirigió el programa. Después de su presentación, hablé con él porque me quedé intrigado por la información sobre el Proyecto Yao. Quería que me enseñara todo lo que sabía. Después compré el video y el folleto que produjo la Junta de Misiones Internacionales.

A principios de la década de los noventa, Steve Evans, de la Junta de Misiones Internacionales y otros cristianos comprometidos con la Gran Comisión se unieron para diseñar estrategias y llevar a cabo un plan para presentar el Evangelio de una manera culturalmente sensible. S. Mpumila de la Iglesia Bautista Mtambila y Alex Govati, que fue pastor de la Iglesia Bautista Nsomba, "desempeñaron un papel sumamente importante en la grabación de varios segmentos para el programa y en la evaluación y prueba".[88] El objetivo del equipo era cambiar la perspectiva de los yao, de una de fuerte resistencia al Evangelio a una actitud de apertura y receptividad. Para hacer eso, "produjeron programas cristianos para los musulmanes yao a través de la Radio FEBA de 1990 a mediados de 1992".[89] El equipo misionero visitó "a los jefes y al pueblo en sus aldeas y grabó historias y música yao".[90] La radio transmitió música yao y en cada programa personas yao respondían preguntas como introducción a la historia de la Biblia. Se hicieron todos los esfuerzos posibles para demostrar que las personas podían ser yao y creyentes de Jesucristo al mismo tiempo.

Gracias a estos esfuerzos, las actitudes negativas de los yao hacia el cristianismo cambiaron. Después de

---

[88] Steve Evans – BACOMA General Secretary, Blantyre. 1.3.1991.
[89] Int Amos Phiri, Blantyre, 20.11.1997
[90] Hany Longwe. *Christians by Grace Baptists by Choice. A History of the Baptist Convention of Malawi.* Mzuni Press. 2013. Pg. 200.

escuchar los programas y darse cuenta de que podían conservar su herencia cultural y ser cristianos, muchos yao se convirtieron en creyentes en Cristo y se fundaron nuevas iglesias. Un testigo relata: "Durante este periodo, muchos de los yao escribieron al programa y varias personas anunciaron que habían confiado en Jesús en el proceso".[91]

❀

Insensibilidad cultural

En pocas palabras, nunca debe pasarse por alto el principio de tomar en cuenta lo que es original o característico de un grupo de personas o segmento de población en particular. Muchos trabajadores cristianos que han descartado este principio han cometido grandes errores. Tales errores impiden que el Evangelio se propague rápidamente como lo describe Pablo: "Por último, hermanos, oren por nosotros para que el mensaje del Señor se difunda rápidamente y se le reciba con honor, tal como sucedió entre ustedes".[92]

Cuando el obrero cristiano es insensible a la cultura, el mensaje del Evangelio puede ser rechazado, no a causa del mensaje del Evangelio mismo, sino simplemente debido a la insensibilidad cultural y la actitud ofensiva del obrero cristiano. Basta recordar la

---

[91] Int Amos Phiri, Blantyre, 20.11.1997
[92] 2 Tesalonicenses 3:1

película de Julie Andrews *Hawaii*,[93] que está llena de ejemplos de insensibilidad y malentendidos interculturales en la comunicación. Cuando era profesor adjunto de misiones y enseñaba una clase a nivel maestría en un seminario, mostré partes de la película como una ilustración de la comprensión equivocada de la frase "hacer discípulos de todos los grupos humanos". Esta película está llena de violaciones de los principios NIR.

Todas las culturas y cosmovisiones están contaminadas y profundamente afectadas por el pecado. No hay una cosmovisión cultural que no esté dañada por el pecado. Incluso nuestra propia cultura, independientemente de nuestro origen, está contaminada por el pecado. Sin embargo, esto no significa que todos los aspectos de la cultura y la cosmovisión son inmorales o pecaminosos. Un creyente debe discernir qué partes de la cultura o la cosmovisión violan las verdades bíblicas y cuáles no. Si un aspecto de la cultura o cosmovisión no está abiertamente en conflicto con las Escrituras, los creyentes no deberían verlo como una amenaza para el Evangelio. Pero si un aspecto de la cultura o la cosmovisión entra abiertamente en conflicto con las

---

[93] Abner Hale, un misionero muy rígido y parco de Nueva Inglaterra, se casa con la hermosa Jerusha Bromley y la lleva a la exótica isla y reino de Hawái, donde intenta convertir a los nativos. Pero el choque entre las dos culturas es muy fuerte y en lugar de llegar a un entendimiento, ocurre una tragedia. La película se produjo en 1996.
www.imdb.com/title/tt0060491

enseñanzas bíblicas, el creyente debe iluminar sabia y amorosamente tal práctica cultural con la verdad bíblica. Muchas veces, se puede iluminar una práctica cultural pecaminosa contando historias bíblicas que sean relevantes para esa cultura.

⁂

La Tribu Maijuna

Un ejemplo típico del uso de historias bíblicas para cambiar un hábito cultural dañino proviene de la tribu maijuna en el río Amazonas, cerca de Iquitos, Perú. Durante más de un año, el misionero Brandon Carroll, junto con los pastores de Houston Ralph Clements y Gerald Coleman, utilizaron el método de contar cronológicamente historias bíblicas para presentar el Evangelio y discipular a los nuevos creyentes. Brandon cuenta la historia de cómo los hombres maijuna tenían la costumbre de golpear a sus esposas. Cuando se les presentaron varias historias de la Biblia a los hombres maijuna que se habían convertido en creyentes, ellos se arrepintieron y pidieron a sus esposas que los perdonaran. La práctica cultural de golpear a la esposa fue sabia y amorosamente cambiada por medio de historias bíblicas. Fue la convicción del Espíritu de Dios que cambió a esos hombres a través relatos inspirados de las Escrituras. Los hombres, que eran creyentes, reemplazaron la vieja práctica cultural con nuevos comportamientos que honraban a Cristo. Pablo se refirió al cambio que tiene lugar en un creyente cuando escribió:

Ya que han resucitado con Cristo, busquen las cosas de arriba, donde está Cristo sentado a la derecha de Dios. Concentren su atención en las cosas de arriba, no en las de la tierra, pues ustedes han muerto y su vida está escondida con Cristo en Dios. Cuando Cristo, que es la vida de ustedes, se manifieste, entonces también ustedes serán manifestados con él en gloria. Por tanto, hagan morir todo lo que es propio de la naturaleza terrenal: inmoralidad sexual, impureza, bajas pasiones, malos deseos y avaricia, la cual es idolatría. Por estas cosas viene el castigo de Dios. Ustedes las practicaron en otro tiempo, cuando vivían en ellas. Pero ahora abandonen también todo esto: enojo, ira, malicia, calumnia y lenguaje obsceno. Dejen de mentirse unos a otros, ahora que se han quitado el ropaje de la vieja naturaleza con sus vicios, y se han puesto el de la nueva naturaleza, que se va renovando en conocimiento a imagen de su creador.[94]

El alcoholismo entre los maijuna también fue reemplazado por una visión bíblica a través del mismo proceso de relatar historias bíblicas. Los hombres que se convirtieron en creyentes sintieron la convicción del Espíritu a causa de su alcoholismo cuando entendieron que Dios decía que era un pecado. Este cambio cultural tuvo lugar después de que los nuevos creyentes escucharon la verdad de las Escrituras a través de historias bíblicas.

---

[94] Colosenses 3:1-10

❄

El Evangelio y la cultura

El antropólogo Paul Hiebert reconoció nuestra tendencia a pasar por alto este principio cuando dijo: "Como evangélicos enfatizamos el conocimiento de la Biblia, pero rara vez nos detenemos a examinar a las personas en las culturas a las que servimos". Al presentar el Evangelio, los creyentes deben asegurarse de que el mensaje sea claramente entendido por el oyente de una manera que no contradiga la verdad bíblica, pero que al mismo tiempo sea apropiada para su cultura. Kraft expresa este pensamiento de manera efectiva.

> Si hemos de tomar el enfoque bíblico, debemos adaptarnos nosotros mismos y nuestra presentación del mensaje de Dios a la cultura de las personas que lo escuchan. Si les exigimos que se vuelvan como nosotros para ser aceptables ante Dios, habremos tergiversado a Dios nosotros, como la mayoría de los judíos en la antigüedad (ver Hechos 15:1), habremos malinterpretado a Dios. Nosotros, los testigos, debemos hacer los ajustes culturales necesarios, no ellos, los oyentes potenciales.[95]

Cuando deseamos cumplir la Gran Comisión (Mateo 28: 18-20, Marcos 16:15, Juan 20:21, Lucas 24: 46-48,

---

[95] Charles Kraft. *Anthropology for Christian Witness*. New York: Orbis Books. 2000. Pg 2.

Hechos 1: 8) debemos superar las barreras existentes, ya sean culturales o de otro tipo. La Gran Comisión nunca se llevará a cabo en toda su extensión si no se permite que el Evangelio penetre en una cultura. Pablo comunicó el principio de la naturaleza autóctona de las misiones cuando dijo:

> Aunque soy libre respecto a todos, de todos me he hecho esclavo para ganar a tantos como sea posible. Entre los judíos me volví judío, a fin de ganarlos a ellos. Entre los que viven bajo la ley me volví como los que están sometidos a ella (aunque yo mismo no vivo bajo la ley), a fin de ganar a estos. Entre los que no tienen la ley me volví como los que están sin ley (aunque no estoy libre de la ley de Dios, sino comprometido con la ley de Cristo), a fin de ganar a los que están sin ley. Entre los débiles me hice débil, a fin de ganar a los débiles. Me hice todo para todos, a fin de salvar a algunos por todos los medios posibles.[96]

Kraft tiene un argumento convincente cuando comenta sobre 1 Corintios 9: 19-22.

> Desde el comienzo de las Escrituras, Dios se ha mostrado dispuesto a trabajar con personas dentro de sus marcos culturales de referencia. Él siempre actuó con los judíos en los términos de la cultura judía. A través de Pablo, él declara lo que se ilustra en el libro de Hechos, que él también quiere aceptar a los gentiles dentro de sus culturas, sin

---

[96] 1 Corintios 9:19-22

necesidad de que estos cambien su cultura para hacerla aceptable para él.[97]

Jesús encarnó este principio cuando " el Verbo se hizo hombre y habitó entre nosotros. Y hemos contemplado su gloria, la gloria que corresponde al Hijo unigénito del Padre, lleno de gracia y de verdad".[98] La humanidad vio a Dios directamente porque Cristo se hizo carne y habitó entre nosotros en una cultura ordenada por Dios. Él expresó la voluntad del Padre desde el interior de la cultura judía. De la misma manera, los grupos de personas y los segmentos de la población pueden conocer a Dios cuando el Evangelio se expresa a través de la cultura. Kraft sigue diciendo que

> Dios parece respetar la participación de las personas en sus culturas, a pesar de que esta participación implica prácticas que Él no respalda de ninguna manera. Los principios de Dios en este sentido parecen ser los articulados por Pablo en 1 Corintios 14:40 y 1 Corintios 9:19-22... Los principios en 1 Corintios 9:19-22 son los de la viabilidad de cualquier cultura como forma de vida y la capacidad de cualquier cultura para ser utilizada para los propósitos de Dios.[99]

---

[97] Kraft. Pgs 1-2.
[98] Juan 1:14
[99] Kraft. Pgs 79.

Comentarios adicionales de Kraft

Así como el apóstol Pablo ve que cada marco cultural es útil para el testimonio cristiano, nosotros vemos a Dios obrando en los términos de la cultura judía para alcanzar a los judíos, pero negándose a imponer las costumbres judías a los gentiles (Hechos 15; Gálatas). En cambio, los no judíos deben acudir a Dios para relacionarse con él en los términos de sus propios vehículos culturales.[100]

El principio de la naturaleza autóctona es verdadero incluso en nuestro país. Dentro de nuestro país hay muchas subculturas a las que debemos adaptar nuestros métodos de comunicación para expresar el mensaje completo del Evangelio. Sin embargo, hay muchos que están preocupados de que, de alguna manera, estemos cambiando el mensaje del Evangelio cuando adoptamos los mejores métodos de comunicación para atraer al oyente. Esto no es verdad. El Evangelio es muy claro cuando se comunica de maneras culturalmente apropiadas. El poder del mensaje está en el Evangelio. Debe ser comunicado de tal manera que lo entiendan quienes lo escuchan.

Un pescador tiene muchas opciones cuando pesca. Un anzuelo es una opción y una red es otra opción. La forma en que un pescador presenta el anzuelo cambia según el tipo de pez que busca atrapar. Si el pescador busca atrapar truchas, presenta el anzuelo decorado con coloridos adornos. Usa una técnica de

---

[100] Ibid. Pg. 449.

lanzamiento específica diseñada para presentar el anzuelo de una manera en que la trucha responderá mejor. Es fácil identificar a alguien que pesca truchas debido al estilo diferente de lanzar el anzuelo. Si un pescador busca atrapar bagres, sus métodos son bastante diferentes. Deja que el cebo se vaya hasta el fondo del lago o río. La presentación y el cebo pueden ser diferentes en diferentes contextos, pero el anzuelo del Evangelio permanece.

Cuando adaptamos nuestros métodos de comunicación para captar el interés del oyente, simplemente buscamos asegurarnos de que el Evangelio se exprese de tal manera que el oyente comprenda mejor el mensaje. Kraft, una vez más, aborda el tema presentando un argumento sólido:

> Vemos que la cultura es un vehículo utilizable por Dios, Satanás o los seres humanos. No vemos ninguna dicotomía entre las llamadas formas cristianas y las formas culturales, las formas que Dios usa o nuestras formas culturales; ninguno es sagrado en sí mismo y lo que queremos es poder usar formas culturales con un significado cristiano. Vemos que Dios quiere llegar a cada grupo de personas hoy en términos de su propia cultura, tal como buscó en los tiempos bíblicos alcanzar a los hebreos a través de la cultura hebrea y a los griegos a través de la cultura griega. Estas son las culturas que estuvieron disponibles para Dios en los tiempos bíblicos, así que las usó. Las dos culturas podrían haber sido consideradas culturas paganas cuando Dios comenzó a usarlas. Si Dios puede

usar culturas griegas o hebreas paganas, puede usar incluso la cultura estadounidense pagana o culturas paganas africanas o latinoamericanas... Dios pudo usar las estructuras culturales de esa sociedad para sus propósitos. Creo que el mensaje aquí es que no hay cultura que no se pueda usar; por lo tanto, la conversación ocurre dentro de la cultura. La iglesia se manifiesta en la cultura. Todos los cambios que suceden como resultado del cristianismo ocurren dentro de la cultura, cambios especialmente a nivel de la cosmovisión.[101]

El principio de la naturaleza autóctona es importante para nosotros porque Dios ha demostrado que es importante para él. El Evangelio nunca llegará a su plena expresión a menos que se permita que sea autóctona en cada cultura. Cuando esperamos que los demás se vuelvan como nosotros, una cultura externa, hemos violado el principio de la naturaleza autóctona de las misiones.

---

[101] Ibid. Pgs. 93-94.

Conceptos Clave . . . .

- La palabra autóctono, en un sentido general, significa que "ha nacido o se ha originado en el mismo lugar donde se encuentra".

- Al aplicar el término al ministerio y las misiones, una naturaleza autóctona se refiere a lo proviene o es característico de un grupo de personas o segmento de población.

- Cada grupo de personas o segmento de población tiene características que permiten distinguirlo de otros grupos.

- No podemos entender lo que es propio o característico de un grupo de personas o segmento de población sin referirnos a la cultura. Nacemos en una cultura y moriremos en una cultura.

- Dios actúa a través de la cultura para comunicarse con nosotros.

- Todas las culturas y cosmovisiones están contaminadas y profundamente afectadas por el pecado. No hay una cosmovisión cultural que no esté dañada por el pecado.

- La Gran Comisión nunca se llevará a cabo en toda su extensión si no se permite que el Evangelio penetre en una cultura.

- Jesús encarnó este principio cuando "el Verbo se hizo hombre y habitó entre nosotros. Y hemos contemplado su gloria, la gloria que corresponde al Hijo unigénito del Padre, lleno de gracia y de verdad". Juan 1:14.

- El principio de la naturaleza autóctona de las misiones es importante para nosotros porque Dios ha demostrado que es importante para él

- El Evangelio nunca llegará a su plena expresión a menos que se permita que sea autóctono en cada cultura.

¿-? **Preguntas a Considerar** . . . .

1. ¿Qué le ha desafiado en este capítulo?

2. Después de leer este capítulo, ¿cómo ha cambiado su comprensión de este principio?

3. ¿Qué cambios podría necesitar hacer en su ministerio o sus esfuerzos misioneros para que sean más autóctonos en su contexto cultural sin cambiar la verdad bíblica?

4. ¿Qué oportunidades tiene en el futuro cercano para compartir los principios de este capítulo con otras personas?

REPRODUCIBILIDAD

Definición

La reproducción es un aspecto natural de la creación de Dios. Dios quiere que su creación se multiplique. Un gran ejemplo de este principio se encuentra en Génesis. Dios creó a Adán y Eva y les dijo que se multiplicaran y ellos lo hicieron. Empezando con Adán y Eva ahora somos más de 7,600 millones de personas en la faz de la tierra al momento de escribir esto.[102] Ese número no incluye a todas las personas que han muerto desde que Dios ordenó a Adán y Eva multiplicarse.

El mismo principio de reproducibilidad es cierto en las misiones. La manera en que modelamos el ministerio y las misiones es cómo lo harán otros sobre los cuales tenemos influencia. Pablo escribió: "Imítenme a mí,

---

[102] www.worldometers.info/world-population es un sitio web dedicado a calcular la población actual del mundo. La cifra de 7,600 millones de personas fue el número que arrojó al momento de escribir este texto.

como yo imito a Cristo".[103] En otras dos ocasiones afirmó: "Por tanto, les ruego que sigan mi ejemplo"[104] y "hermanos, sigan todos mi ejemplo".[105] Sus declaraciones ejemplifican el principio de reproducibilidad. En otras palabras, la manera en que modelamos el ministerio y las misiones es exactamente cómo aquellos a quienes discipulamos llevarán a cabo el ministerio y las misiones. Lo que nosotros modelamos se duplica en otros. Quienes nos siguen, reproducen nuestro estilo de liderazgo. Las personas aprenden más de nuestras acciones que de nuestras palabras. Cuando invertimos en otros, ellos aprenden a desarrollar el ministerio y las misiones de la misma manera que nosotros. Con el paso de los años, en muchas situaciones aprendí más de líderes que no eran buenos modelos. Aprendí lo que no se debe hacer en el ministerio y las misiones a partir de sus malos ejemplos. Sin embargo, Pablo hace sus declaraciones en un sentido positivo cuando dice: "Imítenme a mí, como yo imito a Cristo".[106]

Lo que nosotros modelamos se reproduce en otros. Este es un aspecto fundamental del discipulado. Un ejemplo bíblico de esta verdad se expresa cuando Pedro y Juan fueron arrestados y llevados ante los saduceos. A Pedro y Juan se les dijo que no predicaran más en el nombre de Jesús. Lucas escribe: "Los gobernantes, al ver la osadía con que hablaban Pedro y Juan, y al darse cuenta de que eran gente sin estudios

---

[103] 1 Corintios 11:1
[104] 1 Corintios 4:16
[105] Filipenses 3:17
[106] 1 Corintios 11:1

ni preparación, quedaron asombrados y reconocieron que habían estado con Jesús.[107] Fíjense en la frase "habían estado con Jesús". Ellos modelaron lo que Jesús les había enseñado.

Pablo nos dio un tremendo ejemplo de cuatro generaciones de discípulos cuando escribió: "Lo que me has oído decir en presencia de muchos testigos, encomiéndalo a creyentes dignos de confianza, que a su vez estén capacitados para enseñar a otros".[108] Este versículo ilustra el principio de reproducción. A lo largo de la Biblia, el plan de Dios es intergeneracional. Muchas veces nuestra visión de Dios se basa en nuestra vida, desde el nacimiento hasta la muerte. El salmista nos recuerda que Dios "siempre tiene presente su pacto, la palabra que ordenó para mil generaciones".[109] También se nos recuerda las terribles consecuencias, que se extienden a muchas generaciones, cuando no seguimos al Señor: "que mantiene su amor hasta mil generaciones después, y que perdona la iniquidad, la rebelión y el pecado; pero que no deja sin castigo al culpable, sino que castiga la maldad de los padres en los hijos y en los nietos, hasta la tercera y la cuarta generación".[110]

El salmista expresó claramente esta verdad al describir cómo cada generación es instruida sobre el Señor

---

[107] Hechos 4:13
[108] 2 Timoteo 2:2
[109] Salmos 105:8
[110] Éxodo 34:7

Mis labios pronunciarán parábolas... cosas que hemos oído y conocido, y que nuestros padres nos han contado. No las esconderemos de sus descendientes; hablaremos a la generación venidera del poder del Señor, de sus proezas, y de las maravillas que ha realizado... [que] ordenó a nuestros antepasados enseñarlos a sus descendientes, para que los conocieran las generaciones venideras y los hijos que habrían de nacer, que a su vez los enseñarían a sus hijos. Así ellos pondrían su confianza en Dios y no se olvidarían de sus proezas, sino que cumplirían sus mandamientos.[111]

El ejemplo de Pablo

Consideren la vida de Pablo. Tuvo mentores y hubo otras personas que influyeron sobre él. Pablo a su vez se convirtió en un creyente que influyó sobre otros. A continuación hay una breve lista de la vida y la formación espiritual de Pablo. Cuando aplicamos el principio de reproducibilidad al ministerio y a las misiones, vemos su impacto potencial. El primer ejemplo es una breve lista que demuestra una cadena de influencia reproducible de una generación a otra.

---

[111] Salmos 78:2-4

- Hilel,[112] un famoso erudito judío,[113] influyó sobre su nieto Gamaliel.
- Gamaliel[114] (mencionado en Hechos 5: 34-40) fue mentor de Pablo – Hechos 22: 3.
- Jesús fue mentor de los discípulos/apóstoles – Lucas 6: 12-16.
- Los discípulos/apóstoles fueron mentores de Bernabé – Hechos 4: 35-37.
- Bernabé también fue mentor de Pablo – Hechos 9: 26-27; 11: 22-26.
- Bernabé y Pablo fueron mentores de Juan Marcos – Hechos 12:25; 15:39.
- Bernabé era primo de Juan Marcos – Colosenses 4:10.

---

[112] También conocido como Hilel el Mayor. "Hilel y sus descendientes establecieron academias donde los líderes de la comunidad judía en Israel fueron capacitados durante varios siglos. La dinastía Hilel terminó con la muerte de Hilel II en 365 d. C.". Jewish Virtual Library.
www.jewishvirtuallibrary.org/hillel-and-shammai
www.jewishvirtuallibrary.org/hillel-and-shammai
[113] "Hilel . . . fue escogido por el Sanedrín, la corte suprema judía, para fungir como su presidente". Jewish Virtual Library.
www.jewishvirtuallibrary.org/hillel-and-shammai
[114] "Hijo de Simón y nieto de Hilel: de acuerdo con una tradición tannaítica (Shab.15a), fue su sucesor como *nasi* y primer presidente del Gran Sanedrín of Jerusalén". Jewish Encyclopedia.
www.jewishencyclopedia.com/articles/6494-gamaliel-i

- Juan Marcos es el autor del Evangelio que lleva su nombre.
- Pablo fue mentor de Silas y de Lucas – Hechos 15: 40-41.
- Lucas escribió el relato del Evangelio que lleva su nombre y el Libro de Hechos – Lucas 1: 1-4; Hechos 1: 1-2.
- Loida, la abuela de Timoteo, y Eunice, su madre, fueron mentoras de Timoteo – 2 Timoteo 1:15.
- Pablo fue un mentor de Timoteo – Hechos 16: 1-3; 2 Timoteo 2: 2.
- Timoteo fue mentor de hombres fieles – 2 Timoteo 2: 2.
- Los hombres fieles fueron mentores de otros – 2 Timoteo 2: 2.
- Pablo fue mentor de:
  o Sópater de Berea, hijo de Pirro – Hechos 20: 4
  o Aristarco de Macedonia – Hechos 19:29
  o Segundo, en Tesalónica – Hechos 20: 4
  o Gayo, de Derbe, en Macedonia – Hechos 19:29 y 20: 4
  o Timoteo – Hechos 20: 4 ; Romanos16:21
  o Tíquico – Hechos 20: 4
  o Trófimo, de Asia – Hechos 20: 4
  o Lucio – Romanos 16:21
  o Jasón – Romanos 16:21
  o Sosípater – Romanos 16:21
  o Tercio – Romanos 16:22
  o Gayo – Romanos 16:23
  o Erasto – Romanos 16:23
  o Cuarto – Romanos 16:23
- Mientras estaba bajo arresto domiciliario, Pablo fue visitado por:

- o Timoteo – Colosenses 1: 1
- o Epafras – Colosenses 1: 7–8
- o Onésimo – Colosenses 4: 9
- o Aristarco – Colosenses 4:10
- o Marcos – Colosenses 4 : 10
- o Lucas – Colosenses 4:14
- o Demas – Colosenses 4:14
- o Tíquico – Efesios 6:21
- o Epafrodito – Filipenses 2:25
- o La guardia pretoriana – Filipenses 1:13
- o Praetorian Guard – Philippians 1:13
- Pablo envió a otros a ministrar:
  - o Tíquico a Efeso – Efesios 6:21 a
  - o Onésimo a Filemón – Filemón 12
  - o Epafrodito a Filipos – Filipenses 2: 25–30
  - o Timoteo a Filipos – Filipenses 2:19
  - o Artemas o Tíquico a Tito – Tito 3:12

Esta es solo una lista de personas relacionadas con Pablo. Es una lista simplificada pero real. Podríamos tomar a Bernabé u otros líderes bíblicos y crear una lista de todas las personas sobre las cuales influyó cada uno. Un estudio de la vida de Pablo desde su conversión hasta el final de su vida revela una serie de hechos interesantes.

Primero, comenzó a predicar el Evangelio al poco tiempo de creer en Jesús. Audazmente proclamó que Jesús era el Cristo en un esfuerzo por convencer a sus compatriotas. Había otros creyentes en el área geográfica pero al parecer trató de refutar a los judíos sin ayuda de nadie.[115] Pablo había sido transformado

---

[115] Hechos 9:22 y siguientes

por Dios y ahora estaba defendiendo a los que una vez persiguió. Era un hombre con la misión de proclamar la verdad de que Jesús era el Cristo de Dios. Aparentemente realizó esta tarea de forma independiente después de su conversión.

En segundo lugar, después de un largo descanso de alrededor de 14 años, Bernabé lo buscó y lo llevó a Antioquía. En esa ciudad ambos tuvieron un ministerio fructífero. Pablo, que era una sola persona, se convirtió en dos personas, Pablo y Bernabé.[116]

Tercero, en Hechos 13, el Espíritu Santo ordena a la iglesia de Antioquía que imponga las manos sobre Pablo y Bernabé para que sean comisionados como misioneros. Llevaron a Juan Marcos con ellos. El grupo estaba creciendo. Ahora eran tres.

Cuarto, al final de la vida de Pablo hay una lista de al menos 24 creyentes sobre los cuales Pablo había tenido gran influencia. Observe la lista anterior. Una persona se convirtió en 24 personas y, a su vez, esas 24 personas influyeron sobre otros y se multiplicaron en una cantidad incontable de personas. La vida de Pablo es un gran ejemplo de este principio en acción.

---

[116] Hechos 11:25-26

Otros ejemplos

Hay muchos ejemplos contemporáneos del principio de reproducibilidad. Debemos hacernos la pregunta: "¿Qué tipo de seguidor de Cristo se producirá si continuamos haciendo lo que estamos haciendo actualmente?". Comenzar con el objetivo en mente es un gran beneficio cuando se consideran las misiones a largo plazo o el impacto del ministerio. Mientras servía como misionero en Venezuela a fines de la década de 1990, fui entrenado por la Junta de Misiones Internacionales para comenzar con el objetivo o la visión final de todos nuestros esfuerzos misioneros en mente. Escribimos un plan maestro multianual y multifacético para guiar nuestros esfuerzos estratégicos centrados en el Evangelio. Tal herramienta fue muy efectiva para mantenernos enfocados y lograr lo que sabíamos que Dios quería. A medida que usamos el plan estratégico, capacitamos líderes nacionales y comenzamos 15 iglesias en 18 meses usando métodos reproducibles.

En 2002–2003 trabajé como profesor en el Seminario Teológico Bautista de México ubicado en el área de Lomas Verdes de Satélite en la Ciudad de México. Durante mi tiempo allí formé parte de un pequeño comité académico dirigido por el Dr. Russell Harrington, el Decano Académico en funciones y misionero de la Junta de Misiones Internacionales. El comité académico evaluó el plan de estudios y los resultados del estudiante para cada uno de los cuatro años de estudio. La principal pregunta que el comité trató de responder fue: "Al final del primer año (segundo, etc.) de estudio, ¿qué queremos que el alumno sepa y pueda hacer?". En otras palabras, "¿qué queremos que reproduzcan?". Evaluamos los cuatro años de estudio teológico en función de cómo respondimos esta pregunta. El resultado final fue un plan de estudios de cuatro años que se centró más en equipar a los ministros que estaban en mejores condiciones para enfrentar los desafíos del contexto urbano. Enfocamos el plan de estudios en poder producir los mismos resultados estudiantiles cada año. Nos enfocamos en la reproducibilidad.

Si comenzamos con el objetivo en mente, tendremos un mejor resultado en términos del principio de reproducibilidad. Saber qué resultados finales queremos obtener determinará cómo comenzamos. Este es un principio importante. Fracasamos por que no comprendemos este principio. Frecuentemente modelamos un ejemplo equivocado en nuestros esfuerzos misioneros y ministeriales. Debemos basar nuestras misiones y esfuerzos ministeriales en el resultado final correcto que conocemos. A medida que invertimos nuestras vidas en las vidas de los demás, debemos estar conscientes de la próxima generación y del tipo de discípulo que dejamos. Aunque el concepto de comenzar con el objetivo en mente había existido por bastante tiempo, Steven Covey lo hizo famoso en su libro *Siete hábitos de las personas altamente efectivas*. Así es como Covey expone la idea:

El Hábito 2 se basa en la imaginación: la capacidad de visualizar en tu mente lo que no puedes ver en este momento con tus ojos. Se basa en el principio de que todas las cosas se crean dos veces. Hay una creación mental (primera creación) y una creación física (segunda creación). La creación física sigue a la mental, así como un edificio se basa en un plano... Comenzar con el objetivo en mente significa comenzar cada día, tarea o proyecto con una visión clara de la dirección y el destino deseados.[117]

Demasiadas veces modelamos el ejemplo equivocado en nuestra misión y esfuerzos ministeriales. Debemos basar nuestras misiones y esfuerzos ministeriales en el resultado final correcto que conocemos. Deberíamos seguir el consejo de Pablo cuando dijo: "Imítenme a mí, como yo imito a Cristo".[118]

---

[117]

www.stephencovey.com/7habits/7habitshabit2.php
[118] 1 Corintios 11:1

Conceptos Clave . . . . . .

- La reproducción es un aspecto natural de la creación de Dios. Dios quiere que su creación se multiplique.
- Lo que modelamos se reproduce en otros.
- La manera en que modelamos el ministerio y las misiones determinará cómo las personas sobre los cuales influimos llevarán a cabo el ministerio.
- 2 Timoteo 2: 2 describe cuatro generaciones de discípulos.
- El plan de Dios es intergeneracional.
- Pablo fue guiado por otros líderes.
- Al final de su vida, Pablo influyó por lo menos sobre 24 líderes.
- Pablo modeló la manera en que el ministerio y las misiones debían cumplirse.
- Pablo afirmó: "Imítenme a mí, como yo imito a Cristo".[119]
- Si comenzamos con el objetivo en mente, tendremos un mejor resultado en términos del principio de reproducibilidad.
- Podemos ver cómo operó el principio de reproducibilidad en la vida de Pablo con base en la lista anterior.

---

[119] 1 Corintios 11:1

¿-? **Preguntas a Considerar** . . . .

1. Después de leer este capítulo, ¿cómo ha cambiado su comprensión de este principio?

2. ¿De qué manera podría incluir métodos más reproducibles al discipular a otros?

3. Cuando comienza con el objetivo en mente y piensa en cómo discipula a otros, ¿qué tipo de discípulo está produciendo?

4. Al considerar su jornada espiritual, ¿qué ha aprendido de las personas que han invertido en su vida?

5. ¿Qué oportunidades tiene en el futuro cercano para compartir este principio con otras personas?

LA APLICACIÓN DE LOS PRINCIPIOS

Cada uno de los siguientes ejemplos se presenta con la intención de aclarar aún más cómo funcionan los tres principios misiológicos en conjunto. Los ejemplos que se proveen no pretenden hacer referencia a ninguna iglesia o individuo específicos; se ofrecen solo como una explicación útil de los principios NIR y de cómo cada uno de ellos se aplica a las actividades misioneras y ministeriales en el plano real.

Ejemplo 1

En diciembre de 1999 ocurrió una inundación catastrófica en la región costera central de Venezuela. Mientras servíamos como misioneros en la costa norte de Venezuela, respondimos lo mejor que pudimos a la terrible crisis humanitaria. Todos los satisfactores vitales básicos eran escasos. Una de las escuelas primarias locales nos permitió organizar una clase de higiene, que incluía la preparación de alimentos, el baño y el lavado de manos adecuados para evitar que las cortadas y raspaduras se infectaran, y cómo limpiar los utensilios de cocina, los baños y la cocina. Una enfermera de nuestro equipo dirigió la clase de higiene y al final presentó el Evangelio. Le dimos un paquete de artículos de limpieza a cada dama que asistió. Se explicó brevemente cómo usar los artículos del paquete y se les informó a las asistentes en cuáles tiendas locales los vendían. Al final de la clase, cada dama sabía cómo proteger adecuadamente a su familia de infecciones y enfermedades en un área de desastre, y también cómo usar cada artículo en el paquete y dónde podría comprar más suministros. Este fue un evento que cumplió con la Gran Comisión y el Gran Mandamiento. El Evangelio fue compartido y las necesidades humanas se cumplieron. Varias mujeres respondieron al mensaje del Evangelio y se le proporcionaron sus datos de contacto al pastor de la iglesia local con quien trabajamos.

Ejemplo 2

Una iglesia visitante planeó un viaje para trabajar con una iglesia anfitriona en una gran ciudad ubicada en el sur de una nación vecina. El viaje fue planeado hasta el último detalle, incluidas las actividades de la Escuela Bíblica de Vacaciones. Los materiales de enseñanza utilizados en el viaje eran los más recientes materiales de una editorial cristiana. Además de los materiales de enseñanza regulares, la iglesia visitante había preparado pequeños dramas y otros elementos adicionales para enseñar las lecciones. Sus maestros enseñaron todas las lecciones usando sus materiales.

Después de que terminó la Escuela Bíblica de Vacaciones, todos los materiales de enseñanza se entregaron a la iglesia anfitriona. La iglesia visitante viajó más de 20 horas para servir a la iglesia anfitriona con un corazón sincero y motivos puros. Todos parecían felices y bendecidos por la experiencia.

Con base en los principios NIR, se pueden hacer las siguientes observaciones. Primero, la sinceridad con la cual la iglesia visitante fue a servir es encomiable. Sus motivos fueron puros. Ellos querían ayudar a la iglesia anfitriona y pagaron sus propios gastos durante el viaje. La iglesia visitante realmente vio sus esfuerzos como un regalo para Dios y para la expansión de su Reino para que otros pudieran escuchar el Evangelio. Segundo, involuntariamente la iglesia visitante comunicó a la anfitriona que solos ellos sabían cómo preparar y enseñar en la Escuela Bíblica de Vacaciones. Ese no era el mensaje que querían comunicar, pero, no obstante, lo hicieron implícitamente. Tercero, hay varias opciones que podrían haberse utilizado para producir un resultado más duradero de los esfuerzos de la iglesia visitante. ¿Recuerdas la cita de Steve Saint? "Cuando en nombre de la misión cristiana hacemos por los creyentes nativos lo que ellos pueden hacer por sí mismos, socavamos la misma iglesia que Dios nos ha enviado a plantar".[120]

El mensaje equivocado se comunicó aquí de varias maneras a través de los métodos utilizados.

---

[120] Steve Saint. *The Great Omission*. Seattle: YWAM Publishing. 2001. Pg. 58.

- Al traer todos los materiales para la Escuela Bíblica de Vacaciones, el equipo de la iglesia visitante comunicó que los materiales de la iglesia anfitriona no eran aceptables para impartirla correctamente. Solo esos materiales, que diseñaron con el tema que ese año se eligió y se compraron en la librería cristiana local, eran aceptables. Los materiales que la iglesia anfitriona podría proporcionar no eran adecuados.

- Al enseñar todas las clases, la iglesia visitante comunicó el mensaje de que solo sus maestros podían enseñar las lecciones y los maestros de la iglesia anfitriona no podían enseñar las lecciones.

- Al organizar la Escuela Bíblica de Vacaciones por completo, la iglesia visitante comunicó a la iglesia anfitriona que no había un plan para que la iglesia anfitriona aprendiera a esta actividad sin su ayuda.

Estas son algunas opciones que se apegan a los principios NIR.

- Compre los materiales de la Escuela Bíblica de Vacaciones en las tiendas locales de la comunidad de la iglesia anfitriona. Esto permite que la iglesia anfitriona encuentre materiales de enseñanza que correspondan a su contexto normal. Esto también comunica el mensaje de que la iglesia anfitriona puede prepararse adecuadamente para llevar a cabo una Escuela Bíblica de Vacaciones usando lo que está disponible para ellos. No todas las comunidades viven en una parte del mundo con una librería cristiana local o pueden comprar materiales en un sitio de internet.

- Al comprar sus propios materiales en las tiendas locales, una iglesia anfitriona con menos recursos no depende de recursos externos y no tendría que esperar hasta que alguien les traiga los materiales adecuados. Ya tienen los materiales apropiados que necesitan en su propio contexto.
- Al comprar sus propios materiales en las tiendas locales, la iglesia anfitriona puede producir y reproducir sus propios suministros para cada esfuerzo evangelístico.
- En lugar de enseñar todas las clases, la iglesia visitante podría tomar al menos una de varias opciones:
  o Enseñar en equipo las clases con un enfoque de uno a uno. Un maestro de la iglesia visitante podría enseñar junto con un maestro de la iglesia anfitriona y así cumplir con sus responsabilidades durante el día como equipo.
  o El maestro de la iglesia anfitriona dirige y el maestro visitante se desempeña como asistente. El maestro anfitrión no solo conoce mejor el idioma en un contexto intercultural sino también la cosmovisión del grupo objetivo.
  o Organizar un taller de capacitación previo a la Escuela Bíblica de Vacaciones dirigido por la iglesia visitante. Esto permitiría que los maestros de la iglesia anfitriona aprendan las lecciones, las manualidades, las canciones, etc. para que puedan dirigir la enseñanza en la Escuela Bíblica de Vacaciones.

Ejemplo 3

Veamos un ejemplo en la vida de un misionero en África. La forma en que influimos en los demás es la forma en que debemos esperar que ellos imiten nuestras acciones. Hace algunos años, un misionero que servía en una cultura distinta a la suya me dijo que durante su primer mandato en África había entrenado a seis hombres para comenzar seis nuevas iglesias en comunidades donde no había testimonio evangélico. Esos seis hombres comenzaron seis iglesias mientras él servía como su mentor. Se reunieron una vez a la semana durante más de un año. El misionero les enseñó a los seis hombres todo lo que sabía sobre plantación de iglesias. Antes de regresar a los Estados Unidos para para tomar un receso en el ministerio, le pidió a cada hombre que seleccionara a una persona a la que pudiera entrenar y con la cual podría trabajar para comenzar una nueva iglesia en uno de los pueblos vecinos durante la ausencia del misionero. El misionero se fue a los Estados Unidos creyendo que efectivamente había equipado a seis plantadores de iglesias que iban a seleccionar a otros seis hombres y comenzar seis nuevas iglesias en su ausencia. Parecía un gran plan porque al regresar a África encontraría 12 iglesias.

Un año después, cuando el misionero regresó después de su receso, esperaba encontrar seis nuevas iglesias. Sin embargo, para su frustración, descubrió que sus seis plantadores de iglesias no habían comenzado ni siquiera una nueva iglesia, mucho menos seis. Cuando les preguntó por qué no habían empezado ninguna nueva iglesia, los seis hombres respondieron: "No podemos comenzar iglesias nuevas". El misionero se quedó perplejo ante la respuesta, ya que les había enseñado todo lo que sabía sobre plantación de iglesias. Les preguntó por qué no habían comenzado una nueva iglesia a pesar de que les había enseñado personalmente cómo hacerlo. Los seis hombres le dijeron que no podían iniciar una nueva iglesia porque no tenían un proyector de cuerpos opacos. El misionero les preguntó qué relación tenía proyector con la plantación de una iglesia. Su respuesta es muy esclarecedora cuando consideramos los principios NIR. Dado que el misionero había modelado sus esfuerzos de plantación de iglesias usando un proyector, los seis hombres creían que para comenzar una iglesia necesitaban un proyector. Dicha tecnología no era parte de su forma de vida ni de su aprendizaje.

En el proceso de entrenamiento con el misionero, los seis hombres aprendieron que ciertos elementos eran necesarios para cumplir el objetivo específico de comenzar nuevas iglesias. Desde su forma de aprender y pensar, no podían plantar una nueva iglesia en un pueblo vecino debido a que el misionero no le proporcionó un proyector a cada uno de ellos. El misionero, sin saberlo, había modelado un método de aprendizaje que no era ni natural ni reproducible en ese lugar. Introdujo una herramienta de aprendizaje en su metodología que dependía de recursos externos. Violó el principio de no–dependencia. El misionero lamentó profundamente su error porque se dio cuenta de que les había enseñado un método que no era ni nativo ni reproducible y que había creado dependencia. Los esfuerzos de plantación de iglesias se suspendieron durante más de un año solo a causa de ese error.

Esta es una posible solución. La narración de historias bíblicas es un método que el misionero pudo haber usado para entrenar a los seis plantadores de iglesias. Pudo haber usado varias opciones usando el método de narración de historias bíblicas. Podría haberles enseñado un conjunto de historias evangelísticas para que los seis plantadores de iglesias compartieran el mensaje de salvación. El misionero pudo haber usado un conjunto de historias para el discipulado, seguidas de un conjunto de historias que enseñaran cómo era una iglesia neotestamentaria en el Libro de Hechos. Las historias son fáciles de recordar, fáciles de reproducir y fáciles de aplicar a la cultura de los oyentes. Narrar historias es un método que se adapta a los tres principios NIR y no se necesita proyector para usarlos.

Ejemplo 4

Una iglesia llevó a un equipo de seis miembros a otro país a un viaje misionero y ministerial. Se realizaron diversas actividades como testimonios personales durante un servicio conjunto de adoración con la iglesia anfitriona, un servicio especial en el que se bautizaron más de 20 personas, huérfanos locales recibieron productos higiénicos, se impartieron clases bíblicas y se realizaron caminatas de oración en un parque local al aire libre en donde se presentó el Evangelio a varias personas. El viaje fue una mezcla de actividades basadas en la Gran Comisión y en el Gran Mandamiento. Antes de regresar a casa, el equipo visitante le dio al pastor de la iglesia anfitriona un nuevo programa de computadora para que pudiera estudiar más fácilmente los sermones semanales y los estudios bíblicos. El pastor tenía una computadora, así que este regalo fue de gran ayuda para él. En su país, esos programas de computadora no estaban disponibles ni podía comprarlos. Este regalo fue una gran bendición no solo para el pastor sino también para la congregación local. Los sermones del pastor y las lecciones bíblicas mejoraron, y su iglesia se volvió más saludable en todos los aspectos. Se llevaron a cabo actividades basadas en el Gran Mandamiento mientras se compartía el Evangelio y el pastor de la iglesia anfitriona recibió un regalo que no creó dependencia sino que permitió que él y la iglesia fueran bendecidos.

⁂

Ejemplo 5

A mediados de la década de 1990, un misionero en África me contó sobre un gran error que cometió durante sus primeros años. Había sido asignado a cierto grupo tribal y su objetivo era comenzar nuevas iglesias. Trabajó diligentemente para aprender el idioma de la tribu y su cultura. Hizo lo que sabía que debía hacer, construyó un edificio de madera cuadrado para celebrar los servicios de adoración dominicales y realizar los estudios bíblicos semanales. Varias iglesias de su país de origen vinieron a África para ayudar a construir el edificio en un "viaje misionero de construcción". El misionero me dijo que fue muy difícil lograr que los miembros de la tribu asistieran a sus servicios de adoración y a los estudios bíblicos semanales. Cuando me compartió su experiencia, expresó cuán frustrado se sentía por lo difícil que era aprender el idioma y la cultura y motivar a la tribu para que asistieran a los servicios de adoración y los estudios bíblicos semanales. Había invertido mucho dinero, tiempo y esfuerzos con pobres resultados.

He aquí hay algunas opciones que podría haber utilizado.

- El pequeño edificio de madera que construyó para celebrar servicios de adoración y estudios bíblicos no era la manera natural en esa cultura. Podría haber construido una cabaña con techo de paja porque todos en la tribu vivían en cabañas de paja. Los edificios cuadrados de madera no son comunes en la cultura anfitriona. Entonces, la tribu se resistía a entrar al extraño edificio del extranjero.
- Era costumbre que los ancianos de la tribu se reunieran bajo la sombra de un gran árbol en medio de la aldea para discutir sobre asuntos comunitarios y tomar decisiones. El misionero ignoró por completo el contexto cultural en el que se encontraba. Pudo haberse reunido con los

ancianos y la tribu bajo el árbol, lo cual hubiera sido más apropiado culturalmente y de esa manera habría modelado un método reproducible.

- El misionero se dirigió a la tribu sin pedir permiso a los ancianos. El misionero mostró falta de respeto a los ancianos al no solicitar su permiso antes de intentar enseñar a la tribu. Muy pocas personas irían a escuchar al misionero dar sus pláticas semanales por dos razones: Primero, los ancianos no habían dado su aprobación. Cuando un individuo entraba a la casa de los misioneros (el edificio de la iglesia) para escucharlo hablar, ese individuo le faltaba al respeto a los ancianos, que no habían dado su aprobación. Segundo, el pequeño edificio de madera era extraño para el grupo tribal.

- El método tribal de comunicación era conversacional. Cuando el misionero presentaba sus "charlas" cada semana, solo él hablaba y los demás escuchaban. No había diálogo. El método natural de comunicación era tener una conversación con los ancianos de la tribu en la que todos en la tribu podían escuchar. Si el misionero hubiera hablado primero con los ancianos y hubiera pedido su aprobación, toda la tribu habría escuchado y habría sido más receptiva a su mensaje porque se habría comunicado de una manera culturalmente aceptable.

- La mejor forma de comunicarse con la tribu era contar historias. El misionero presentaba sus "charlas" semanales usando un bosquejo estructurado, que es un estilo inapropiado de aprendizaje para las personas que no saben leer ni escribir. Un bosquejo con una estructura de puntos muchas veces no es apropiado para personas que solo pueden leer y escribir en un nivel básico. El misionero no tomó en consideración el método de aprendizaje culturalmente apropiado que era la narración de historias. Usar un bosquejo y ser el único que hablara durante sus reuniones eran métodos culturalmente inapropiados.

- En conclusión, un enfoque más apropiado basado en los principios NIR sería más o menos así:
  - o Pasar tiempo con los ancianos de la tribu y ganarse su confianza mientras se desarrollan relaciones genuinas. Ser paciente mientras ganas su confianza.
  - o Establecerse bajo el árbol de la comunidad y aprender las costumbres tribales y la cosmovisión. Aprender cómo se comunica la tribu y desarrollar la capacidad de comunicarse de la misma manera. Aprender las complejidades de cómo ven la vida y el mundo de los espíritus. Olvidarse del edificio cuadrado de madera, que no era nativo. Para ser eficaces en los esfuerzos de la Gran Comisión y el Gran Mandamiento es necesario un conocimiento práctico de la cultura y la cosmovisión.
  - o Utilizar los "voluntarios del equipo de construcción" para desarrollar nuevas relaciones con la tribu en lugar de construir un edificio que la tribu no aceptará por razones culturales.
  - o Aprender las historias que son importantes para la tribu. Desarrollar un conjunto de historias bíblicas de evangelización que comuniquen la autorrevelación de Dios al hombre y guíen a la

tribu a la salvación en Cristo.

࿋

Ejemplo 6

En la primavera de 2002, viajé a la capital de un país europeo para considerar la posibilidad de aceptar un puesto de liderazgo dentro de mi anterior organización misionera. Durante mi viaje, me quedé en la casa de varios misioneros. El domingo por la mañana, uno de los misioneros me llevó a una nueva iglesia que comenzó la iglesia más prominente de la capital. La nueva iglesia estaba ubicada en un suburbio de la capital y estaba haciendo un gran trabajo al contactar a los inmigrantes que vivían en esa área. La mayoría de los inmigrantes eran de América Central y del Sudamérica, pero había otros miembros de la iglesia que eran de los países bálticos. Durante el servicio de adoración del domingo por la mañana, el misionero anfitrión afirmó que la nueva iglesia no podía realizar ciertas actividades sin el permiso de la iglesia madre. Le pedí que explicara lo que había dicho. Él dijo que la iglesia madre no permitía a la nueva iglesia bautizar a sus propios miembros o celebrar la comunión a menos que el pastor principal de la iglesia madre estuviera presente. La iglesia madre también eligió al pastor de la nueva iglesia.

Este sistema de plantación de iglesias creó una dependencia de la nueva iglesia hacia la iglesia madre. Bajo este sistema de plantación de iglesias, sería difícil que la nueva iglesia aprendiera a ser

autosuficiente, supiera dirigirse o multiplicarse.[121]
La autonomía, la autosuficiencia y la
multiplicación autónoma son tres principios
básicos que explican la existencia de iglesias sanas
y fuertes. Autonomía "significa que la iglesia local
puede tomar sus propias decisiones bajo el Señorío
de Jesucristo. El cuerpo local nunca debe estar bajo
el control de ningún cuerpo extraño".[122] La
autosuficiencia se refiere a que la iglesia local
puede cumplir con sus propias responsabilidades
financieras a través de las contribuciones
(diezmos, ofrendas, donaciones) de sus miembros.
Esta iglesia no desarrolla dependencia de fuentes
externas sino que, con la ayuda del Señor, busca
proveer por sí misma los recursos necesarios en

---

[121] Los principios elementales de todo tipo de iglesias
se pueden ver en la plantación de iglesias y en los
principios misiológicos. Dos misioneros llamados
Henry Venn y Rufus Anderson, identificaron en 1850
tres principios de una iglesia nativa saludable. Estos
principios fueron utilizados por Melvin Hodges en la
plantación de iglesias nativas. Ellos promovieron los
principios de autonomía, autosuficiencia y
multiplicación autónoma. Otros plantadores de
iglesias han reafirmado estos tres principios por
muchas décadas. Se les considera parte de los
resultados finales esperados, ya que no solo se plantan
y desarrollan iglesias en casa, sino que también se
plantan y desarrollan otros tipos de iglesias. Melvin L.
Hodges. *The Indigenous Church*. Gospel Publishing
House. 1953. Pgs. 17-81.
[122] Charles Brock. *Indigenous Church Planting*. Church
Growth International. 1994. Pg 90.

cuanto a personal, materiales, edificios, programas, etc.[123]

La multiplicación autónoma significa que la iglesia local "toma en serio la Gran Comisión y se dedica a la tarea de cumplirla ganando almas y estableciendo iglesias".[124] Una nueva iglesia debe seguir estos tres principios básicos para estar sana. De hecho, hay muchas iglesias establecidas que no cumplen estos tres principios.

La mayoría de las iglesias existentes son autónomas y autosuficientes, pero no se multiplican de manera autónoma. En tal condición, una iglesia está estancada porque no busca compartir el Evangelio con su propia comunidad. Se contenta con continuar sus cultos semanales sin causar ningún impacto fuera de las cuatro paredes de su edificio. Esas iglesias muchas veces no son conscientes de su condición y, como zombis, están muertas y no lo saben.

༺༒༻

Ejemplo 7

El director de una red de iglesias buscaba desarrollar una asociación a largo plazo con iglesias en el noroeste de los Estados Unidos. Organizó a varias de

---

[123] Daniel R. Sanchez, Ebbie Smith & Curtis E. Watke. *Starting Reproducing Congregations*. Church Starting Network. 2001. Pg. 111
[124] Ibid.

sus iglesias para que viajaran a otro estado y ayudaran a varias iglesias pequeñas, que formaban parte de la nueva asociación. Visitantes y anfitriones acordaron las fechas y planearon que el director traería varias iglesias para desarrollar un proyecto de construcción en su primer viaje. El director y sus iglesias pagaron sus propios gastos de viaje, hotel y comida. En la fecha acordada, el grupo llegó al lugar para comenzar el proyecto de construcción con las iglesias anfitrionas. Ninguna de las iglesias anfitrionas estuvo presente cuando el director y sus iglesias estaban listos para comenzar a trabajar el primer día. Las iglesias anfitrionas esperaban que el director y sus iglesias hicieran todo el trabajo. En otras palabras, las iglesias anfitrionas no habían planeado participar en el proyecto de construcción real. Habían planeado dejar que los "extranjeros" no solo hicieran el trabajo por ellos, sino que también pagaran todos los costos de la construcción. El director no estaba enterado de esta diferencia de opinión sobre el proyecto. Él nunca habría aceptado el proyecto si hubiera sabido que las iglesias anfitrionas no iban a participar.

Esta situación es un problema grave. Pero el problema puede remediarse fácilmente. El director y sus iglesias no conocían los principios NIR. Habrían manejado la relación de manera diferente si hubieran tenido conocimiento de los estos principios. Aquí hay un ejemplo de cómo se pueden aplicar los principios. El principio de no–dependencia dice: "No hacemos por los demás lo que ellos ya son capaces de hacer por sí mismos" y "enseñamos a otros a hacer lo que hoy no pueden hacer". Como en el ejemplo 2, podría haber dos equipos, uno de cada grupo. Los dos equipos podrían haber trabajado codo con codo para completar la tarea.

$$\text{➤❋❮}$$

Ejemplo 8

Una convención bautista en los Estados Unidos formó una asociación de tres años con la convención bautista de una nación sudamericana. La convención de los Estados Unidos envió una gran cantidad de equipos en diferentes ocasiones para ayudar en diversos proyectos ministeriales a las iglesias bautistas de la nación sudamericana. Uno de esos proyectos fue ayudar a una pequeña iglesia bautista en una gran ciudad en la costa del Caribe a construir un edificio para los servicios de adoración. El equipo de la convención visitante construyó el edificio con la ayuda mínima de la iglesia anfitriona. Una vez que se completó la construcción, la convención visitante decidió que había muchos mosquitos dentro del edificio, por lo que instalaron ventanas. Una vez que las ventanas se instalaron y se cerraron para evitar que se metieran los mosquitos, la convención visitante decidió que hacía demasiado calor dentro del edificio, por lo que instalaron un sistema de aire acondicionado para enfriar el santuario. Por supuesto, todo esto se hizo con las mejores intenciones: ayudar a nuestros hermanos y hermanas en la iglesia anfitriona. La convención visitante regresó a casa después de un viaje que creían que había tenido mucho éxito. Unos meses más tarde, la convención visitante recibió la factura mensual de electricidad de la pequeña iglesia anfitriona.

¿Puede identificar los problemas en esta historia? Esta situación viola varios principios. Primero, la iglesia visitante sin saberlo estaba creando dependencia al dar estos regalos, especialmente los costosos aires acondicionados. La pequeña iglesia anfitriona no podía pagar los costos de la electricidad y tuvo que enviar la factura a la iglesia visitante. Esto creó una dependencia y no una iglesia saludable autosuficiente. Cuando interactuamos con otros creyentes, iglesias u organizaciones, siempre debemos dejar a cada uno en una condición más saludable que antes.

En segundo lugar, viola el principio de la naturaleza autóctona. ¿Cuál era la situación antes de que el equipo visitante llegara e instalara las ventanas y el aire acondicionado? Los miembros de la pequeña iglesia anfitriona estaban acostumbrados a vivir en esa parte del mundo donde el calor es intenso y los mosquitos son un problema. Obviamente, tuvieron que lidiar con esos problemas mucho antes de que el equipo de Estados Unidos llegara para ayudar. Cuando la convención visitante instaló ventanas y aire acondicionado, no les pidieron permiso a los miembros de la iglesia pequeña para instalar esos artículos. Aunque los dos regalos fueron entregados con las mejores intenciones, la pequeña iglesia anfitriona no había pedido y, lo que es más importante, no podía pagar el servicio del aire acondicionado. La iglesia anfitriona creía que la iglesia visitante era propietaria de los aires acondicionados porque los habían pagado y los habían instalado. Como la iglesia visitante era propietaria del edificio de la iglesia y de todos sus contenidos, la iglesia visitante debería pagar los gastos mensuales, incluida la electricidad.

En tercer lugar, culturalmente, la iglesia anfitriona creía que el sistema de aire acondicionado era propiedad de la iglesia visitante, ya que lo habían pagaban y lo habían instalado. Consecuentemente, la iglesia anfitriona envió la factura de electricidad a la iglesia visitante porque creían que era responsabilidad de la iglesia visitante pagar los gastos.

✦❧❦

Ejemplo 9

Hace algún tiempo, me contaron acerca de un viaje "misionero" en el que un equipo de miembros de una iglesia viajó a otro país para realizar un proyecto de construcción. El equipo de voluntarios había programado cinco días para construir las cuatro paredes del edificio de la iglesia usando bloques de concreto. El equipo de voluntarios trabajó diligentemente y construyó las cuatro paredes del edificio de la iglesia en solo cuatro días, no en cinco. El objetivo final de completar el proyecto un día antes se convirtió en el objetivo central del viaje. El equipo de voluntarios se enfocó más en completar el proyecto en un tiempo récord que en establecer relaciones con los miembros de la iglesia anfitriona. El equipo de voluntarios estaba entusiasmado y orgulloso de haber trabajado con gran denuedo y haber mostrado esto a los que observaban al equipo todos los días, algo en lo cual los miembros de la iglesia anfitriona no pensaban mucho. La interacción con los miembros de la iglesia local fue mínima porque la terminación del proyecto era prioritaria. El objetivo no escrito del viaje se centró más en los miembros del equipo visitante que en la congregación local. Una vez más, un aspecto del patrón que se usó en el ejemplo 2 podría aplicarse aquí. La iglesia anfitriona podría haber seleccionado un equipo anfitrión para trabajar con el equipo de la iglesia visitante. Podrían haber trabajado juntos y al mismo tiempo desarrollar relaciones personales.

Ejemplo 10

Un misionero estaba trabajando en un área muy remota del mundo y usó el video de Jesús para hacer evangelismo en las aldeas circundantes. Muchos misioneros han usado este método con gran éxito. El video de Jesús es una excelente manera de mostrar la historia de Cristo en un idioma nativo. La manera en que el misionero estaba usando el video fue interesante. Su método habitual de usar el video era cargar todo el equipo de video en su camión e ir a la siguiente aldea. Después de llegar, descargaba el camión, buscaba electricidad, configuraba la pantalla, preparaba el reproductor de video y el proyector, además de configurar el sonido. Es mucho trabajo, pero para alguien que le ha dado su vida a Cristo, el esfuerzo vale la pena.

Pero este método viola los principios misiológicos. Esta es la razón. El equipo de video no estaba disponible en ese lugar remoto. Tenía que ser traído desde el exterior. En otras palabras, nadie en el pueblo tenía equipo de video. No es natural en el lugar. Es necesario depender de apoyo externo para usar este método. La misiología apropiada busca usar métodos que no dependan de recursos externos. Además, los creyentes no pueden reproducir este método en el pueblo porque nadie tenía equipo de video. Para ser reproducible, se necesitaría traer equipo de video adicional a la aldea para que los creyentes capacitados duplicaran el proceso de evangelización.

Al considerar este método en la primera aldea, ¿cuál sería su estrategia para evangelizar la segunda aldea y más allá? Un programa reproducible de discipulado usaría a los nuevos creyentes de la primera aldea para presentar el Evangelio a la gente en la segunda aldea. Esto significa que el misionero esperaría que los creyentes de la primera aldea presentaran el Evangelio a los habitantes de la segunda, tercera y cuarta sin él. Una buena pregunta es esta: "¿Cómo obtendrían los fondos suficientes para comprar todo el equipo necesario para que los nuevos creyentes en cada aldea presenten el video de Jesús a la próxima aldea?". Cada nuevo equipo de creyentes necesitaría varios equipos tales como un camión, un proyector, un reproductor de video, un sistema de sonido, cables eléctricos, pantalla, fuente de alimentación, etc. Si no fuera un camión, necesitaría algo para transportar el equipo. Para utilizar este método, tendría que comprar un medio de transporte, proyectores de video, reproductores de video, pantallas, sistemas de sonido y cables eléctricos, además de muchos generadores para suministrar electricidad.

Este no es un buen método porque depende de recursos externos para comprar todos los aparatos para cada equipo de evangelización. Se necesitaría mucho trabajo para recaudar fondos para comprar todo el equipo necesario. Si nadie en el pueblo tiene televisión este método no es nativo en la cultura de cada aldea. Probablemente este método sí atraerá a la gente, pero ¿cuántos ajustes son necesarios para que otros escuchen el Evangelio? Este método no es reproducible. Crea una carga en la recaudación de fondos para comprar el equipo de video. Sería difícil recaudar fondos suficientes para comprar 20 o 30 equipos, así como los vehículos necesarios para transportarlos. Incluso si se pudiera usar un bote para viajar a cada aldea, un bote en esa parte del mundo cuesta un promedio de alrededor de $10,000.

Una vez más, debemos considerar otros métodos que no sean dependientes, autóctonos y reproducibles si queremos ser mejores administradores de los recursos que Dios nos ha dado. Si usáramos el método que acabamos de describir en este ejemplo, ¿cuál sería nuestra estrategia cuando el equipo se descomponga o no haya electricidad? También hay otros problemas que pueden surgir. En esta estrategia, el evangelismo se detendría si el proyector no funcionara bien. Debemos usar métodos que no sean dependientes, que sean autóctonos y reproducibles.

Una posible solución que podría utilizarse es la narración cronológica de historias bíblicas. Este método es fácilmente reproducible y cada historia es interpretada a través del filtro cultural y la cosmovisión del oyente. Este método no necesita electricidad, equipo de video ni un vehículo para transportar todo. El creyente entrenado se convierte en una Biblia ambulante, que puede adaptarse a cualquier contexto.

❦

Ejemplo 11

Una convención estatal bautista de iglesias en los Estados Unidos se asoció por tres años con una convención bautista de iglesias en un país latinoamericano. Cada año, viajaban al país anfitrión más de 200 médicos, enfermeras, optometristas y otros profesionales de la salud, que instalaban clínicas de salud en diversas ciudades durante una semana. Cada año, los profesionales médicos ofrecían servicios gratuitos, así como un testimonio del Evangelio a todas las personas que acudieron a la clínica de salud. Después de varios años de enviar profesionales médicos para hacer clínicas de salud, se realizó un estudio sobre los resultados del esfuerzo de varios años. Los hallazgos del estudio fueron interesantes y revelaron algo que muchos no esperaban. Parece que de cada 100 personas que "oraron para recibir a Cristo" solo había 1 persona que se podía encontrar en la iglesia local que había albergado la clínica de salud. Que decepción. Esto significa que después de gastar alrededor de 250,000 dólares en gastos de viaje, hotel y comida, así como todas las innumerables horas de esfuerzo para satisfacer las necesidades de salud de las comunidades seleccionadas, los esfuerzos de evangelización fueron mínimos. Sí, gracias a Dios por esa persona que estaba siguiendo a Cristo un año después. Pero, una característica cultural probablemente influyó en el resultado. En la cultura anfitriona, era costumbre decir "sí" cuando alguien te pedía algo para no herir los sentimientos de la otra persona. Esa característica cultural influyó en la presentación del Evangelio en la clínica de salud como se demostró al menos de la siguiente manera. La persona que recibía atención médica culturalmente no quería herir los sentimientos del personal de salud, por lo que esa persona decía que "sí" a todo. El personal de salud presentaba el Evangelio a todos los que venían a la clínica. Las personas que recibían atención médica del personal, decían que "sí" por cortesía cuando les presentaban el Evangelio porque no querían herir los sentimientos de la persona que había venido de otro país para servir a su comunidad. Por razones culturales, la persona contestaba de manera cortés.

Hubo otros problemas involucrados en los resultados de las clínicas de salud. La combinación de las actividades del Gran Mandamiento con la Gran Comisión no asegura que haya una verdadera cosecha. Algunas veces un individuo "orará la oración del pecador" para asegurarse de que recibir el beneficio de la actividad del Gran Mandamiento. En el ejemplo anterior, las comunidades fueron atendidas, se cumplieron las necesidades de salud y se presentó el

Evangelio. Sí, la semilla del Evangelio fue sembrada. Sin embargo, la gran cantidad de recursos que se utilizaron para los esfuerzos anuales produjo resultados mínimos. El objetivo final es que nuevos discípulos vengan al Reino. Una vez más, como se dijo anteriormente, podemos alimentar a los hambrientos, vestir a los desnudos, visitar a los que están en prisión, pero si las personas vienen a un conocimiento salvífico de Cristo, morirán en sus pecados.

SOBRE EL AUTOR

Darrell fue pastor en iglesias de Oklahoma y Texas. Él y Karen se desempeñaron como misioneros durante nueve años en la Junta de Misiones Internacionales en Costa Rica, Venezuela y la Ciudad de México. Tienen cinco hijos adultos y diez nietos. Darrell se desempeñó por más de 10 años como Director Ejecutivo de la Asociación Bautista de San Felipe en Texas. Actualmente se desempeña como Director Ejecutivo de la Asociación Bautista de San Antonio en Texas. Obtuvo una Licenciatura en Artes y una Licenciatura en Ciencias de la Universidad Bautista de Oklahoma. Obtuvo una Maestría en Divinidad y un Doctorado en Ministerio del Southwestern Baptist Theological Seminary, donde también enseñó durante 9 años como Profesor Adjunto de Misiones. Darrell fue presidente de los Ministerios Indígenas de la Amazonía y continúa sirviendo como miembro de la junta directiva. Actualmente es miembro de la Junta de Fideicomisarios de la Universidad Bautista de las Américas. Como entrenador certificado de la International Coaching Federation, Darrell entrena activamente nuevos plantadores de iglesias y otros ministros. Como entrenador certificado por la organización Church Unique, ayuda a las iglesias a redescubrir el diseño único de Dios en obediencia a la Gran Comisión. Es presidente de The Matthew Affair, que es una organización sin fines de lucro cuya misión es enseñar y capacitar a los marginados

The Matthew Affair
PO Box 100684
San Antonio, Texas 78201
thematthewaffair.com
organización sin fines de lucro bajo el artículo 501c3

El propósito de nuestra organización es enseñar y entrenar a los pastores cristianos y líderes de iglesias marginados de todo el mundo. Se estima que la mayoría de los pastores cristianos de todo el mundo no tienen ningún entrenamiento en teología cristiana básica. Sin tal entrenamiento, muchos de estos pastores creerán y seguirán a cualquier falso maestro y falsa doctrina. La mayoría de los pastores cristianos nunca tendrán la oportunidad de recibir una preparación vital para el ministerio a menos que alguien se las provea. Estamos comprometidos a invertir en ellos.

El nombre "**Mateo**" fue elegido porque la comisión de Cristo a su iglesia se encuentra en el Evangelio de Mateo 28: 19–20, "vayan y hagan discípulos de todas las naciones, bautizándolos en el nombre del Padre y del Hijo y del Espíritu Santo, enseñándoles a obedecer todo lo que les he mandado".

La palabra inglesa "**affair**" fue elegida por su significado. En el siglo XIV, la palabra "affair" significaba "lo que uno tiene que hacer". "Affair" se ha definido como "cualquier cosa que se debe hacer que requiere acción o esfuerzo". También es "la responsabilidad, el trabajo o la actividad de una persona, lo que se hace" para cumplir un propósito. Un "affair" es "algo que debe atenderse".

Puede hacer una donación en nuestro sitio web. Todas las ganancias de la venta de este libro serán utilizadas por *The Matthew Affair* para lograr nuestro propósito principal: enseñar y capacitar a los marginados. El autor de este libro no recibe ninguna compensación financiera.

Puede hacer una donación deducible de impuestos en: thematthewaffair.com.